新特産シリーズ

ギョウジャニンニク

軟白生産の実際、栄養価値と売り方

井芹靖彦＝著

農文協

はじめに

早春、雪解けとともに元気よく太い葉鞘茎が芽生えてくるギョウジャニンニクは、北国を象徴する植物といえる。ギョウジャニンニクは食味が良く山菜の王様的存在である。従来から〝行者ニンニク〟といわれ、深山で修行する僧の体力増強食材として知られていた。一般に疲労回復、精力向上など滋養強壮効果が広く知られている。

ギョウジャニンニクは、食品としての成分や、機能性成分が明らかになるにつれ、需要も確実に上昇しているが、生産量は逆に減少傾向にある。現在のところ、ギョウジャニンニクの生産は自然物に依存している。

ギョウジャニンニクは食味に優れ、しかも機能性に富むなど多くの特性を有し、野菜としてのほか加工食品や健康食品として需要は拡大しつつある。そのため、いつまでも生産量や生産期間に限界のある天然物に頼っていては、需要を満たすことはできない。需要増を自然物に依存するような安易な考えは、野生植物の資源枯渇につながるものと考えられる。とくに、ギョウジャニンニクの生育は緩慢であり、自然条件における増殖力はきわめて低い植物であるということを理解してほしいものである。

需要に対応した生産が行なえるように、一日も早く生産体制を確立し、安定した生産供給を行ない、潜在需要をも掘り起こすことが重要と考えられる。ギョウジャニンニクの生産では、大規模生産を目標とする場合はもちろん、趣味的栽培、小規模生産においても、生育特性ばかりでなく、生産特性を習得し、生産効率の高い栽培方法を実践することが重要である。栽培を開始したのち、状況の変化により、趣味的栽培から小規模生産へ、あるいは小規模生産から大規模生産へ移行する場合もある。そうなっても対応できるよう、規模に関係なく、はじめから栽培手順を逸脱しないように心がけることが必要である。

ギョウジャニンニクは、生育が緩慢であり、種子から育て、野菜（山菜）として利用するには五～六年、または七～八年かかるといわれるように、生育サイクルが非常に長いのが特徴である。しかも、根株からの増殖率は低く、成熟株の茎葉を収穫して根株を残した場合の再生においても三～四年程度はかかる。

種子、分げつにより増殖できるが、種子の生産量は少なく、分げつによる増加もわずかである。しかし、根にできる不定芽を増殖に利用できる。この第三の増殖方法を最大限に活用したいものである。栽培の基本は、ギョウジャニンニクの特性を知り、現在までに開発された技術を有効に活用することである。いずれにしても、ギョウジャニンニクの栽培のポイントは、どのようにすれば効率よく増殖できるのかにつきる。そういう意味で「種子の確保」「実生栽培前半の育苗管理（播種後三年間の管理）」「根株養成期の管理」「軟白茎生産」が一体となって、はじめて効率のよいギョウジャニンニクの生産が可能になる。

ギョウジャニンニクの生産における最大の特徴は、根株養成期と軟白茎生産期に分かれていることである。根株養成期間は生育段階により異なるが、育苗期間を除くと一～三年必要となる。一方、軟白茎生産は、貯蔵根株の加温によって二〇日目前後から収穫でき、収穫期間は一〇日ほどである。したがって、ギョウジャニンニクは、貯蔵根株の使用により計画生産が可能になる。北海道の道北、道東の冬期は寒冷であり、この寒さを活用して根株を長期にわたり貯蔵できるとすれば、軟白茎は季節に関係なく自由に生産が可能になる。

このように栽培技術は確立されつつあるが、残された課題も多くみられる。とくに、定植、収穫、ならびに伏込みなどの作業の機械化である。これらの課題は、栽培面積の拡大がともなわなければ解決できないものと考えられる。そのためにも、需要を拡大し、栽培面積を増加させて、新しい栽培作物として育てたいものである。

本書が多くの方に活用していただけるとともに、ギョウジャニンニクの栽培の広がりと安定化に役立てていただければ、著者として望外の喜びである。

二〇〇一年二月

井芹　靖彦

目次

第2章 生理・生態と栽培ポイント

第3章　栽培の実際

第1章　ギョウジャニンニクはこんな植物

1、注目の有望新野菜

(1) 北海道では最も人気のある山菜

日本最北に位置する北海道では、春三月中旬を過ぎると温暖な道南地方から山菜類の芽生えが始まり、順次北上し、寒冷な道北や道東では一月遅れの四月下旬となる。山地や原野では、地形や雪解けの遅速により、三月から七月上旬頃まで山菜狩りを楽しむことができる。北海道の山菜シーズンはクレソン、フキノトウ、ギョウジャニンニクにはじまり、ヤチブキ、ハマボウフウ、タランポノメ、ヤマウド、コゴミ、セリ、ミツバ、タケノコ、ユキザサ、ワラビ、フキ等々と続く。

山菜類の魅力は何といっても味の良いことであり、新鮮、安全、安心の代名詞である自然物であることなどとならんで、生薬として知られているものも多く、薬膳料理の食材として、健康野草・野菜として広く認められている。とりわけ、深山で修行する僧の体力増強食材として古くから用いられ、一般には疲労回復、精力向上などの滋養強壮効果をもつ食材として広く知られているのが、ギョウジャニンニク（行者大蒜）である（図1―1）。

(2) 夢のある地域活性化作物

農業経営は国際化に対応し、大規模化、専門化の方向へ急速に向かいつつある。とくに、北海道の酪農専業地帯における生き残り戦略として、大規模化、専門化の方向に特化し農業のモノカルチャー化が進んでいる。そのため、酪農をやめなければならないときには離農を意味することが多い。離農の理由は高齢、けが、病弱などや、後継者がいない、経営不振などさまざまである。しかし、転換可能な作目があれば離農せずにすむケースがしばしばみられる。このような転換作目の一つとして山菜が考えられる。山菜は軽量で高価な品目が多く、小量出荷が可能であり、輸送コストの負担も少ない。小回りのきく作目は、居家離農の防止に役立つばかりでなく、二世代世帯農業者や高齢農業者にも取り組みやすいと考えられる。

図1－1　ギョウジャニンニク

アイヌネギ，キトビロ，エゾネギなどと多くの名で呼ばれる北海道の代表的な山菜（右：自生地より採取したもの，左：栽培・軟白化したもの）。

　また、農業者には、サラリーマンなどとは異なり、経営移譲後に退職金がない、年金も安い、と愚痴るものもいる。しかし、農家は農地を必ずもっている。この農地から経営移譲後も年金にかわる収入があれば、すべて解決する。ギョウジャニンニクの生育は緩慢であるが、管理費用や労働力をあまり必要としない。そのため、こうした課題への対策にもピッタリの作物である。

経営移譲五〜一〇年前から、母本用根株か種子を確保して栽培に取り組み、一〇アール程度の規模があれば、二〇〇〜三〇〇万円前後の粗収入が可能になる。生産に必要な母本用根株または種子の入手代金、毎年の肥料、除草剤などの生産費用ならびに労働時間を年金掛け金とみなし、計画的に増殖することが決め手になる。

ギョウジャニンニク栽培法の一つである伏込み栽培法は、根株養成期と軟白栽培の工程からなっており、軟白工程では根株養成期の二〜三％の面積で栽培できる。さらに、多くの場合、軟白栽培施設も既存施設を転用でき、新たな施設投資は不要と考えられる。

ギョウジャニンニクは実生（種子）から生産販売までに長い年月が必要であるが、いったん軟白茎生産に耐える大きさに育てば、伏込み軟白生産方式の場合では、一定以上の大きさのものを軟白生産用に使用し、他は養成株として再養成できる（一二一〜一二六ページ参照）。軟白用養成株を掘り上げると、株数の約五五％が一四グラム以下であり、再養成根株として使用することになる。そのうち一年養成株二三％程度、二年養成株七七％程度の割合になるため、同じ生産規模を維持するには、はじめの二カ年は実生などで根株は補充しなければならない。しかし、三年目から新たな根株の補充なし

図1－2　自生するギョウジャニンニク
北海道宗谷管内の低湿地での生育のようす。

で、同一規模の軟白茎生産を維持できるようになる。ギョウジャニンニクは増殖に長い年月を要するが、軟白開始後三年目からは毎年再生産が可能な夢のある作物でもある。

(3)　古くからなじみのある山菜

ギョウジャニンニク（*Allium victorialis* L. ssp. platyphyllum Hult）はユリ科ネギ属の多年生植物で、強い臭気があり、その臭気に多くの薬理成分が含まれている。茎葉は山菜として古くから食用に供されている。北海道では「アイヌネギ」として親しまれているほか、多くの名称で呼ばれている。キトビロ、キトピロ、キトピル、イシキシバ、エゾネギ、ウシビル、ゼンジョウ、ヤマビル、ニョウホウネギ、サトビルなどである。札幌の市場などではキトビロの名称で呼ばれている。

本州では奈良県以北の深山や、日本海沿いの山地の林床に生育している。北海道では山地の林床や原野の低湿地などに群生している（図1―2）。日本以外では千島、樺太、カムチャッカ、アムール・ウスリー、満州、朝鮮、中国北部、シベリヤなどに広く分布している。

(4) かつて行者も用いた優れた薬効

ギョウジャニンニクの薬理・生理作用については、北方系機能性植物研究会一〇周年を記念して刊行された『ギョウジャニンニクと北の健康野草』（北海道東海大学教授西村弘行編著）にくわしくまとめられている。以下、その内容を紹介するかたちで薬理作用を述べる。

表1―1　ギョウジャニンニクのにおいに寄与する主要成分

におい成分	においの種類
メチル・アリル・ジスルフィド $CH_3SSCH_2CH{=}CH_2$	ニラ臭
ジアリル・ジスルフィド $CH_2{=}CHCH_2SSCH_2CH{=}CH_2$	ニンニク臭
ジメチル・ジスルフィド CH_3SSCH_3	たくあん臭
メチル・アリル・トリスルフィド $CH_3SSSCH_2CH{=}CH_2$	たくあん臭

（『ギョウジャニンニクと北の健康野草』より）

ギョウジャニンニクのにおいのもとになっている揮発成分は八〇以上知られており、このうち、ニラ臭の「メチル・アリル・ジスルフィド」、ニンニク臭の「ジアリル・ジスルフィド」、たくわん臭の「ジメチル・ジスルフィド」および「メチル・アリル・トリスルフィド」の四つの成分がギョウジャニンニクのにおいを構成する重要な物質であることがわかった（表1―1）。そして、これらのにおい

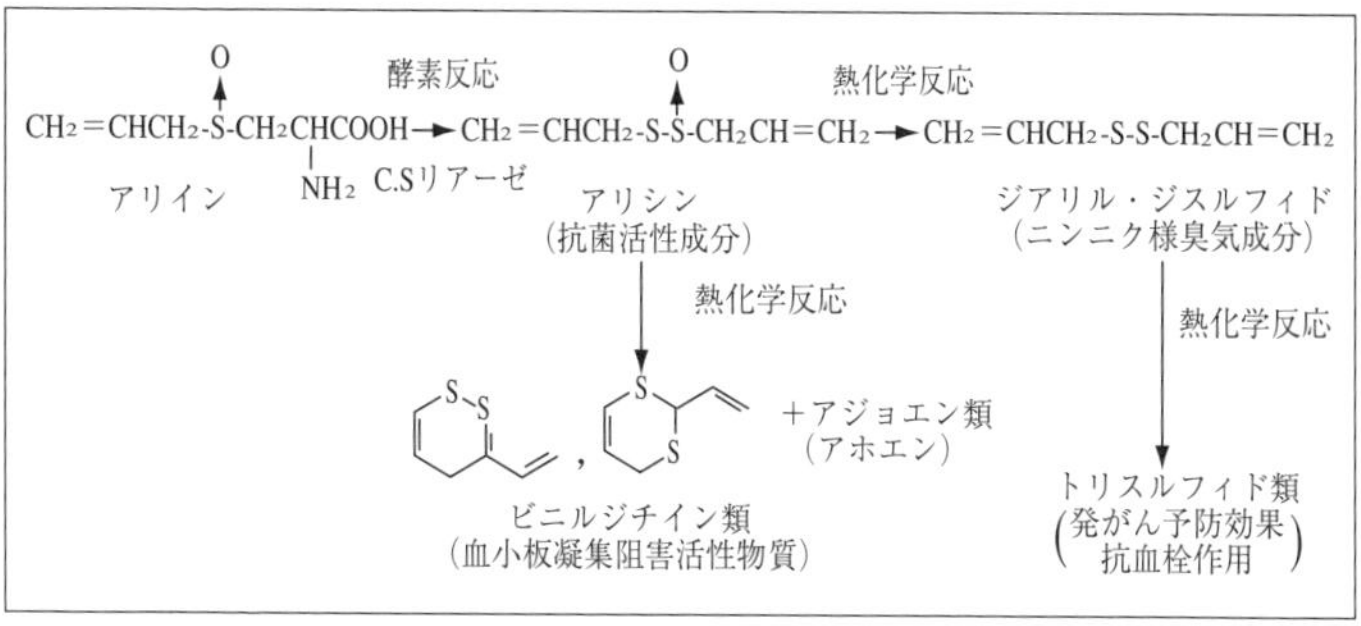

図1−3　ギョウジャニンニクの酵素反応および熱科学反応による薬効成分変化
（「ネギ属酵素をコントロールした消臭機能性食品の開発研究」1996，西村弘行らより）

成分のなかには、以下のような薬理作用のあることが知られている。

■動脈硬化・脳梗塞予防効果

たとえば、ギョウギャニンニクの主要成分であるメチル・アリル・トリスルフィドは、動脈硬化や脳梗塞などを予防する血小板凝集阻害作用および血栓溶解作用のあることを、日本大学農獣医学部農芸化学科の有賀豊彦教授らが明らかにしている。

さらに、同じ薬効は、ギョウジャニンニクを煮たり焼いたり炒めたりして調理加工したときにできる、ビニルジチイン類にもあることがわかっている。ニンニクやギョウジャニンニクのアリシンを加熱することにより、ニンニク臭のジアリル・ジスルフィドや血小板凝集阻害作用をもつビニルジチイン類（図1—3）がつくられる。また、同時につくられるアジョエン（ajoene、スペイン語でアホエンと発音）という含硫化合物が血栓のできるのを防止したり、過剰のコレステロールを抑える作用のあることが、米国ニューヨーク州立大学のE・ブロック教授らによって明らかにされている。アジョエンの生成メカニズムは図1―3に示すように考えられている。このように、ギョウジャニンニクは生で食べるだけでなく、焼いたり、炒めたりして用いても薬理性があるが、調理温度や時間などによってアジョエンの生成や活性が大きく影響されるようである。

一方、ニンニク臭のジアリル・ジスルフィドおよびその前駆体のアリイン（S-アリル-L-システイン・スルホキシド）が血中のノルエピネフリンの分泌を促すことを、京都大学農学部名誉教授で現神戸女子大学の岩井和夫教授らのグループで証明している。ノルエピネフリンは体脂肪を効果的なエネルギーに変えるはたらきをするため、ニンニクやギョウジャニンニクに多量に含まれているこれらの含硫化合物質は、持久運動能力を増強する力になる。

■がん予防効果

ニンニクやギョウジャニンニクのがん予防効果が注目されいる。新鮮なニンニクには、胃がんを予防し、がん細胞の増殖を阻害する効果があることが、科学的に明らかにされている。ニンニクやギョウジャニンニクの成分とがん細胞増殖阻害との関係は一九五〇年（昭和二十五年）代後半頃から明らかにされ、アリシンおよび、より安定なジアルキル・チオスルフィネート類が、腹水がん細胞などの悪性細胞の増殖を強く阻害することも報告されている。

ベンツピレンはマウスの噴門部や肺の腫瘍形成を誘発するが、この発がん性物質を投与する二日前あるいは四日前に、ギョウジャニンニクのにおい成分であるメチル・アリル・トリスルフィドやジアリル・ジスルフィドなど、アリル基をもつ含硫化合物を与えると腫瘍形成が阻止される。

さらに、ニトロソアミン（N-ニトロソメチルベンジルアミン）によって誘導されたラット食道のDNA傷害や腫瘍形成、および発がん性物質ジメチルヒトラジンによって誘導された結腸がんに対して、硫化アリル類が予防効果をもつと報告されている。

■抗菌作用

ギョウジャニンニクの主要なにおい成分のもとになっているのは含硫アミノ酸で、とくに量的に多いのは、エネルギー代謝に重要なアリイン（S-アリル-L-システイン・スルホキシド）である（図1―4）。

アリインは、酵素アリナーゼの作用でアリシン（アリル2-プロペンチオスルフィネート）になり、におい物質や各種の薬理活性物質に変化する。このアリシンには強い抗菌作用があり、その抗菌性によって肺結核、インフルエンザ、膣炎などの炎症を抑制あるいは防止する効果があるとされている。

$CH_3\text{-}S\text{-}CH_2CH(NH_2)COOH$
S-メチル-L-システイン

$CH_3\text{-}\overset{O}{\overset{\uparrow}{S}}\text{-}CH_2CH(NH_2)COOH$
S-メチル-L-システイン・スルホキシド

$CH_2{=}CHCH_2\text{-}S\text{-}CH_2CH(NH_2)COOH$
S-アリル-L-システイン

$CH_2{=}CHCH_2\text{-}\overset{O}{\overset{\uparrow}{S}}\text{-}CH_2CH(NH_2)COOH$
S-アリル-L-システイン・スルホキシド

図1－4　ギョウジャニンニク中の含硫アミノ酸
（『ギョウジャニンニクと北の健康野菜』より）

(5) 多様な調理法で山菜から野菜へ

ギョウジャニンニクは平成九年度の『五訂日本食品標準成分表―新規食品編』に掲載され（表1―2）、これによって山菜から野菜として認められたことになり、需要拡大がいっそう進むものと考えられる。

また、ギョウジャニンニクは食味がよいばかりでなく、調理適性に優れており、生食ばかりでなく、ゆでる、煮る、揚げる、炒める、焼く、蒸すなど、どのような調理にもあう。食用および薬用植物の機能を発揮させるには反復摂取が原則であり、一週間よりは一カ月、一

表1―2　ギョウジャニンニクの栄養成分（萌芽葉，普通葉）

栄養成分			単位	数値
可食部100g当たり	エネルギー		kcal	34
	水分		g	88.8
	蛋白質		g	3.5
	脂質		g	0.2
	炭水化物		g	6.6
	灰分		g	0.9
	食物繊維	総量	g	3.3
		水溶性	g	0.5
		不溶性	g	2.8
	無機質	カルシウム	mg	29
		リン	mg	30
		鉄	mg	1.4
		ナトリウム	mg	2
		カリウム	mg	340
		銅	mg	0.16
		亜鉛	mg	0.4
	ビタミン	カロテン	μg	2,000
		A効力	IU	1,100
		B_1	mg	0.10
		B_2	mg	0.16
		C	mg	59
		K	μg	320
		ナイアシン	mg	0.8
		葉酸	μg	85
		パントテン酸	mg	0.39

（『5訂日本食品標準成分表』科学技術庁資源調査会編）

カ月よりは三カ月などの継続摂取が基本になるといわれている。

それぞれの料理法と栄養および薬理作用について、北海道東海大学教授西村弘行著『行者ニンニクの凄い薬効』（朝日ソノラマ社）より一部引用・紹介すると次のとおりである。

■生のまま

薄塩での浅漬け、冷やっこ、各種のたたきなどがある。ギョウジャニンニクを生のまま刻んで用いるので、硫黄を含むアミノ酸のアリインなどが酵素アリナーゼの作用で分解し、抗菌物質や動脈硬化などの予防となる抗血栓作用物質のアリシンができる。したがって、健康に良い。また、味も辛味成分が効いて食欲増進作用もある。この食べ方は、酒の肴によくあう。

■ゆでる

醤油漬け、酢味噌和え、アサリ入りぬた、ウニ和え、キムチ和え、カラシ味噌和え、ゴマ和え、おひたしなど多数ある。いずれの料理も、まず鍋にお湯を沸かし、ギョウジャニンニクを入れて三〇秒間ほどゆでてから水に浸してあら熱をとる。

野菜類を熱湯にさらすことをブランチングというが、この操作によって、緑色野菜のクロロフィルが安定してあざやかな緑を保つことができる。一般に、高温での加熱は酵素が失活するが、一分間程度ゆでるのであれば完全に失活しない。

■煮　る

卵とじ、鶏肉のとじ煮、卵スープ、牛肉スープなどがある。いずれの料理方法も、ギョウジャニンニクを適当な大きさにカットしてから調理するため、カット操作による酵素作用によって、栄養・薬理効果が丸ごとゆでる場合と違ってくる。煮る操作で、酵素反応によって生じたアリシンと肉や卵のもつビタミンB_1とが化学反応を起こしてアリチアミンが生成される。この成分は疲労回復効果があることで知られている。

■揚げる

天ぷら、から揚げなどがある。ギョウジャニンニクを適当な大きさに切ってから、ころもをつけて揚げる。ビタミンAがあり油とよくあうので、淡い香りとうま味が強調される。食材としては、ギョウジャニンニクだけでなく、キス、ワカサギなどの魚や、ニンジン、エンドウ、カボチャなどの緑黄色野菜を添えるとよい。

■炒める・焼く

卵焼き、野菜炒め、ピラフ、ラーメン、ギョウザ、つくね、ハンバーガーなどがある。このような料理のために、ギョウジャニンニクをゆでる人がいるが、新鮮なまま使ってもらいたいものである。ギョウジャニンニクはワラビやフキ、その他の山菜と違って、ポリフェノールやアルカロイドのような「あく」がほとんど気にならない。

卵焼きやギョウザなどにする場合は、茎や葉を冷たいうちにみじん切りし、ただちに卵やひき肉に混ぜ、さらに必要な食材を加えて調理する。こうすると薬理成分を逃がさず、効能を引き出せる。また、疲労回復効果を上げながらにおいを消せるので、口臭を減らすことができる。

炒めるという方法は、ギョウジャニンニク中の含硫アミノ酸と糖類が熱分解反応（メイラード反応）を起こして、食欲を増進させる香ばしい香り成分が出てくる。

■蒸　す

一般に、蒸しものの料理は淡泊な風味が好まれるため、ギョウジャニンニクの使用はむずかしい。しかし、油を使う中華風の蒸し料理であれば、おいしく食べられる。

調理方法や詳細については、前掲『行者ニンニクの凄い薬効』を参照願いたい。

(6) 自然物は減少、栽培化へ期待

ギョウジャニンニクは、食品としての成分や機能性成分が明らかにされるにつれ需要も確実に上昇しているが、生産量は逆に減少傾向にあるといわれており、その生産は自然物に依存しているのが現状である。

平成七年十一月二十九日付「北海道新聞」で、「北海道郵政局は、北海道自然保護協会の要望を受けて、野生植物を扱っているふるさと小包事業の中止を決めた」と報道された。中止したのは、渡島管

内八雲町の黒瀬郵便局のふるさと小包で扱っているギョウジャニンニクと、他郵便局で扱っているヤチブキ（エゾノリュウキンカ）であった。ともに、「ワラビやゼンマイのように採取後の回復力が強いわけでなく、大量に採取を続けることは減少、絶滅につながる」との自然保護協会の要望を受けての措置であった。

「地域の旬の味を全国に届けたい」という気持ちや、「めずらしい商品として消費者に喜ばれる」「消費者の需要がある」といった発想では、採取量の増加は乱獲につながり、資源の枯渇を招くなど自然破壊となるため、世間一般に通じなくなっている。とくに、ギョウジャニンニクの生育は緩慢であり、自然条件における増殖力はきわめて小さい植物であるということを理解したいものである。

ギョウジャニンニクを採取する場合、鱗茎部全部を採取すると根絶やしとなるため、鱗茎部の一部を残すことがルールとなっている。しかしながら、その再生にかかる年月は三～四年とも四～五年ともいわれている（筆者らの再現調査では四年程度はかかると考えられる）。このように再生に時間がかかるほか、種子からの増殖でも採取に耐えうる大きさになるまでに五～八年かかるなど、緩慢な生育特性をもつ植物である。

天然物の山菜類は根から掘り取るものでなく、一定以上に生育した可食部分を採取するものである、との原則を守るべきである。そのうえで山菜類の栽培を行ないたいと考えるなら、目的植物の生育特性を知って実生（種子）から栽培するのが原則であり、時間をかけて知識を習得したのちに取り組むべきである。

2、ギョウジャニンニクの形態

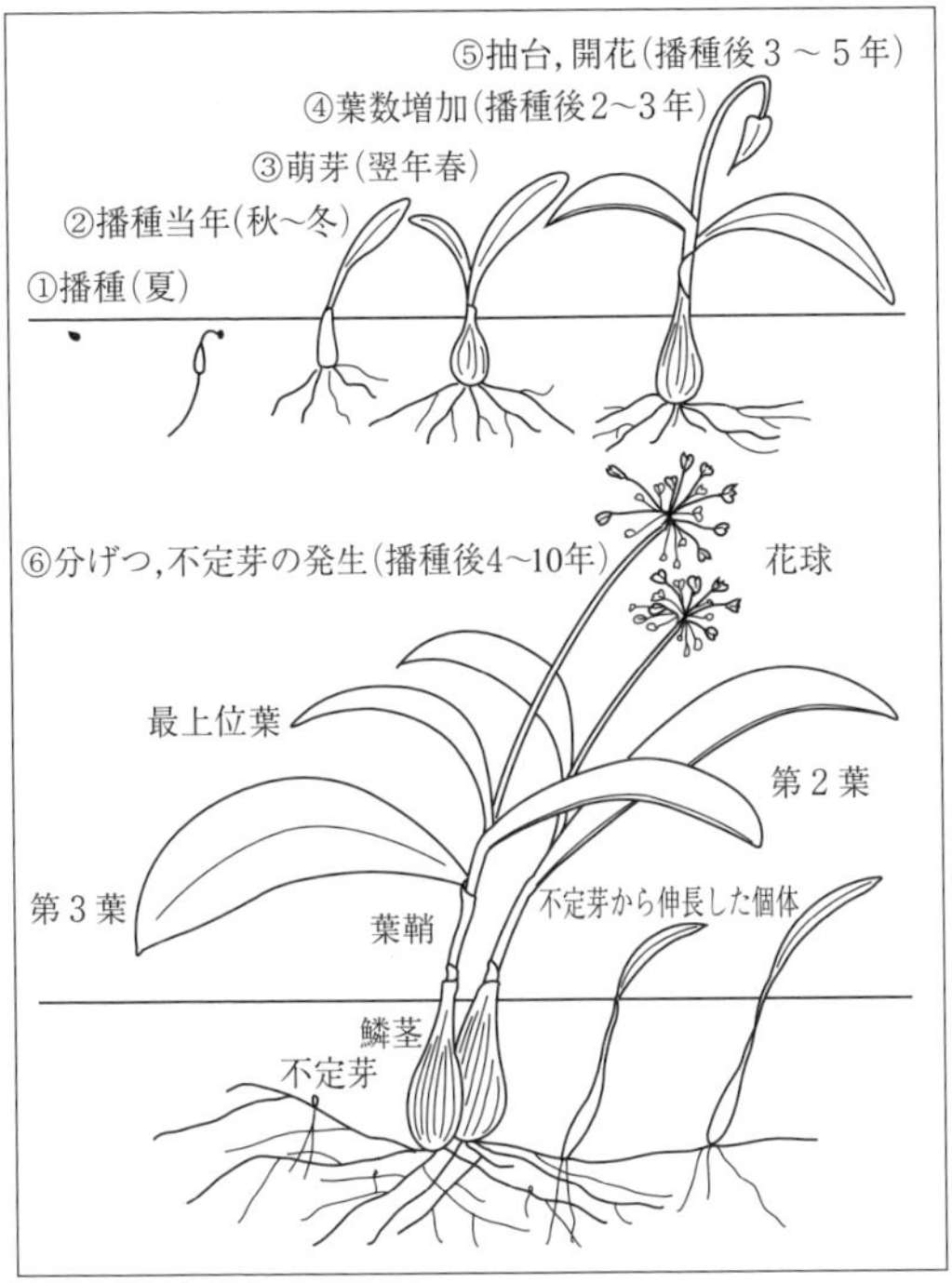

図1−5　ギョウジャニンニクの生活環
（1992，北海道立十勝農業試験場）

ギョウジャニンニクが栽培作物として認知されるには、生育のすべてが明らかになることが必要である。ギョウジャニンニクに関する基礎研究は金澤俊成博士により明らかにされている。また、北海道立十勝農業試験場からギョウジャニンニクの生活環が図解で示されている（図1—5）。ギョウジャニンニクの形態的特徴は金澤俊成博士の「ギョ

図1−6　雪の中で出葉した普通葉

ウジャニンニクの形態・発育特性および栽培化に関する基礎的研究」（北海道大学農学部邦文紀要第18巻第2号１９９３）によると次のとおりである。

(1) 栄養器官の形態

■子　葉

子葉は直径約一ミリの円筒状で、緑色を呈している。長さは一センチ程度ときわめて短いため、圃場に播種した場合は地上に現われない場合も多い。また、子葉の中間部に生ずる折り目（膝部）が明瞭でない。

■普通葉

普通葉は葉身部と葉鞘部からなり、葉の形状は同一年次の葉では節位が高まるにしたがい葉身が狭くなる。成株では萌芽葉の出葉後、その先端部から出葉し展開する（図1―6）。定植後四年経過した株の葉の形状では、葉身長と葉身幅の比に一・八〜八・二の幅がみられ、概して節位が高いほど比が大きく個体間にかなりの差が認められる。また、株の年数が進むにしたがい葉身長と葉身幅も大きくなるが、とくに葉身長に対する葉身幅の比が大きくなる。

■萌芽葉

萌芽葉は越冬株が最初に地上に萌出する鞘葉で、葉身をもたず、長さは八〜一〇センチ（地上では四〜五センチ）で伸長が停止する（図1―7）。

■鱗　茎

葉鞘基部の肥厚した部分を鱗茎と称し、通常、赤紫色である。外側に展開葉の葉鞘葉が一〜三葉重なっており、その内側には萌芽葉および普通葉の原基がみられ、茎盤部上に生長点が存在する。古い株では前年の葉鞘基部の維管束群が網目状に残り、鱗茎の外側を覆っている（図1―8）。

■根

鱗茎の基部から発生するが、太さは直径一〜二ミ

図1−7　萌芽葉（越冬前の状況）

図1−8　鱗　茎

鱗茎は網目状の繊維からなる古い葉鞘茎に覆われている。

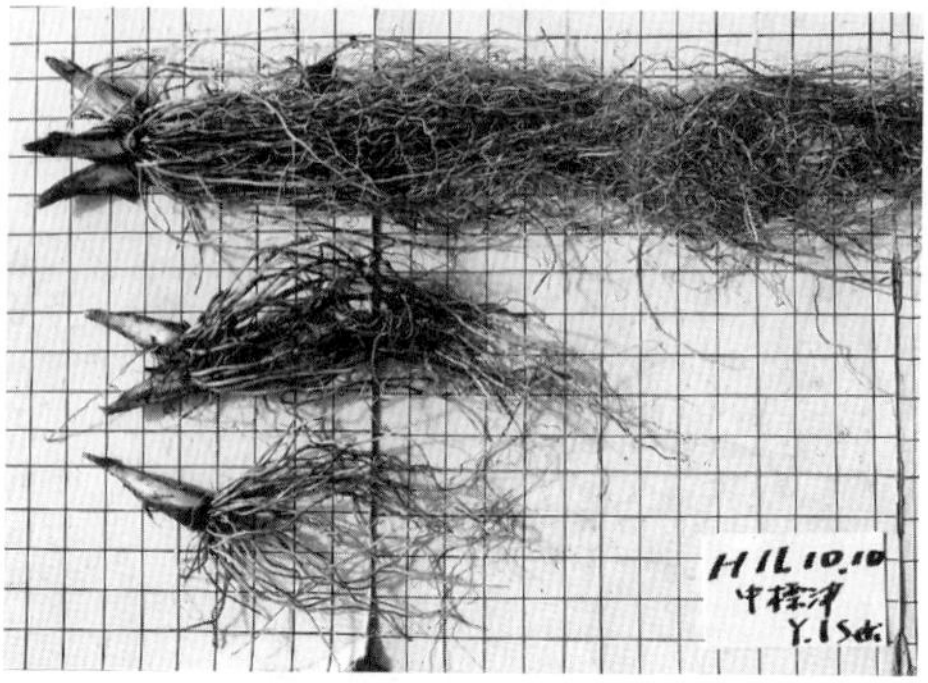

図1−9　鱗茎の基部に密生している直径1～2mmの根
根量は養成年数や採取方法により異なる。

りで、根毛や分岐根は少ない（図1―9）。横断面をみると最も外側は表皮で覆われ、内側には比較的大きな細胞で構成された内層が存在する。さらに中心部には、内皮に囲まれた維管束部が認められる。

(2)　生殖器官の形態

■花球と花茎

花球は小花の集合体であり（図1―10）、一花球当たりの小花数は六八・一で、他のネギ属作物に比較すると少ない（ネギ…松本一本二〇四、タマネギ…札幌黄五二五）。花茎は伸張し、横断面はニラと同様に楕円形を呈し、長径の頂部に稜が認められる。

■小　花

内花被は、外花被に比べて長く、幅の広い披針形または楕円形で扁平である。外花被は、細長く、中央部にくぼみがみられる。花糸の幅は先端部から基部にかけて広がっているが、広がりの程度は外花糸に比べて内花糸が顕著である。子房室の内径は他のネギ属作物に比べ大きく、三室が突出してい

図1－10　花球（小花の集合体）

図1－11　ハナバチによる受粉のようす

図1－12　成熟期の果球
子房内が3室に分かれ, 1室1個の種子が認められる。

る。胚珠は他のネギ属作物では一室に二個存在するが、ギョウジャニンニクでは一室一個であった。

■花　粉

ネギ属の花粉はいずれも楕円形で、中央部にふくらみがみられる。ギョウジャニンニクの花粉の長径と短径はそれぞれ四六・八マイクロメートル、三二・三マイクロメートルで、ギンガチュウムやアサツキの花粉に比べて約一・五倍大である。

受粉は昆虫によって行なわれる（図1—11）。

■果　実

果実は子房の場合と同様に三室が突出しており、表面はなめらかである。色は開花が終わる頃には濃い緑色で、成熟する頃には黄色となり、やがて果皮は裂開する（図1―12）。果実の一室内に有する種子数は他のネギ属作物が二個であるのに対して、ギョウジャニンニクでは一個である。したがって、一果実の中の種子は、他のネギ属作物では六個が標準であるが、ギョウジャニンニクでは三個となる（図1―13）。

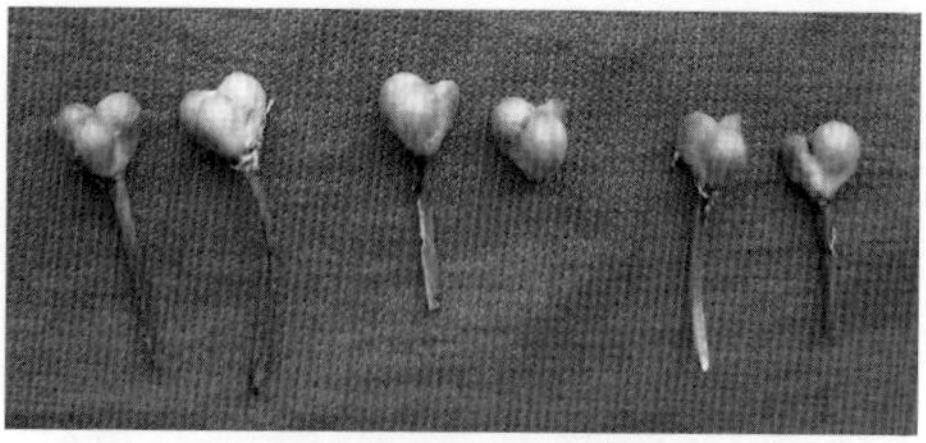

図1－13　小　果

1小果当たり3個の種子が得られるが，受粉が不十分であると，1個または2個となる。

図1－14　種　子

黒色，球形で種皮には光沢がある。

(3)　種子の形態

■外部形態

種子は球形で、種皮は外観上なめらかで光沢がみられる（図1―14）。一方、他のネギ属作物の種子は一つの面が平面をなす楯形であり、稜が認められる。種子の一〇〇粒重は一・〇八グラムで、他のネギ属作物に比べて大きい（ネギ〈松本一本〉〇・三三グラム、ニラ〈大葉ニラ〉〇・四五グラム）。

■胚と胚乳

発芽直前の種子を切断すると白色の胚と半透明の胚乳をみることができる。胚の長さは三ミリ程度で、他のネギ属作物に比べて短く、胚乳内の巻き込みは小さい。

3、ギョウジャニンニクの一生

(1)　種子から成株までの生育過程

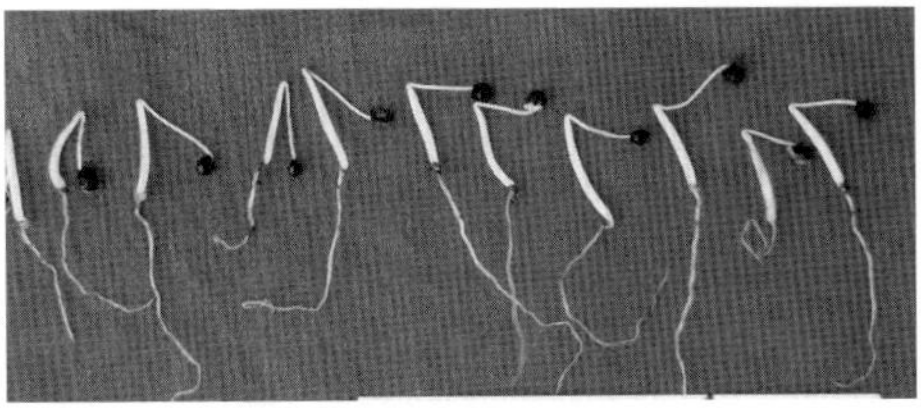

図1－15　種子の発芽

■一・二年目

ギョウジャニンニクは、初夏に花を咲かせ、七月下旬に結実する。この種子を乾かないうちに播種すると一カ月ほどで発芽し始める（図1―15）。播種当年はほとんど出芽せず、地中に小さな鱗茎を形成して越冬し、翌春、雪解けとともに出芽し、長さ八センチ程度の葉を一枚伸ばす。同一年内に新葉は一枚だけ展開し、葉数は増加しない。

ギョウジャニンニクの発芽した実生個体が第1葉期に達したときの状態は

表1—3　ギョウジャニンニクの草丈，葉鞘径，鱗茎径，葉面積の経時的変化（1993，金澤）

発芽後の年数（年）	草丈（cm）	葉鞘径（mm）	鱗茎径（mm）	葉面積（cm^2）
2	7.8 ± 0.15	0.9 ± 0.02	2.8 ± 0.05	1.7 ± 0.06
3	13.7 ± 0.22	1.4 ± 0.03	5.7 ± 0.14	6.9 ± 0.40
4	29.4 ± 0.67	4.9 ± 0.43	10.1 ± 0.53	90.1 ± 13.65
5	34.7 ± 0.67	7.5 ± 0.37	12.0 ± 0.54	142.0 ± 9.47
6	38.1 ± 1.81	7.8 ± 0.30	14.3 ± 0.44	158.6 ± 14.90

〔注〕数値は、平均値±標準誤差を表わす。

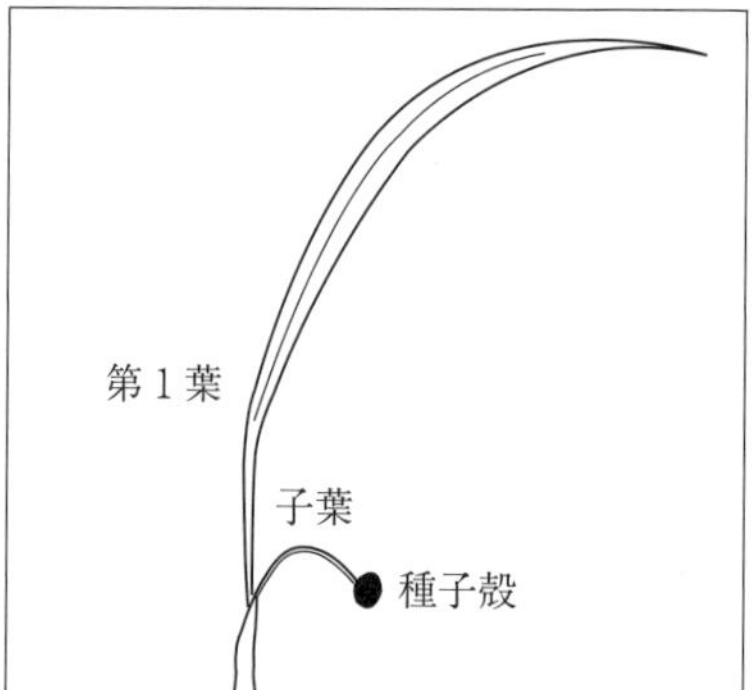

図1—16　発芽種子の外部形態（1993，金澤原図）

図1—16のとおりである。他のネギ属の実生と比べると子葉が短く、本葉は第1葉から扁平である点が大きな特徴である。さらに、ネギやタマネギなどのほとんどのネギ属作物では第1葉出葉後、数日または十数日間隔で順次規則的に出葉するのに対して、ギョウジャニンニクでは図1—16の状態で一シーズンを経過する。第2葉は翌シーズンに認められる。

■三年目

三年目で葉数が二枚になり（図1—5④）、草丈は一四センチ程度になる。しかし、それ以上葉数は増えず、秋には枯れて休眠に入る。

二〜三年目以降の越冬した休眠株では、萌芽葉（図1―7）が本葉の前に出葉する。

■四・五年目

四年目で草丈は三〇センチ程度になる（表1―3）。年時を経るごとに葉数は徐々に増加し、四年目で一〜三葉（まれに四〜五葉）となる。抽台率は四年目二六％、五年目株で三八％、六年目株では六八％となる。

■成　株

成熟株の葉数は図1―17のような三〜四枚が多く、草丈も三五センチ前後にまで大きくなる。生長量は草丈ばかりでなく葉鞘径、鱗茎径、葉面積とも高くなる傾向がみられ、そのなかで顕著なのは葉面積である。とくに、葉の乾物重が著しく増加する（図1―18）。

成株では、地下部にやや肥大した鱗茎が存在し、外側は旧葉の葉鞘基部が繊維状（網目状）に残ったもので包まれている。また、抽

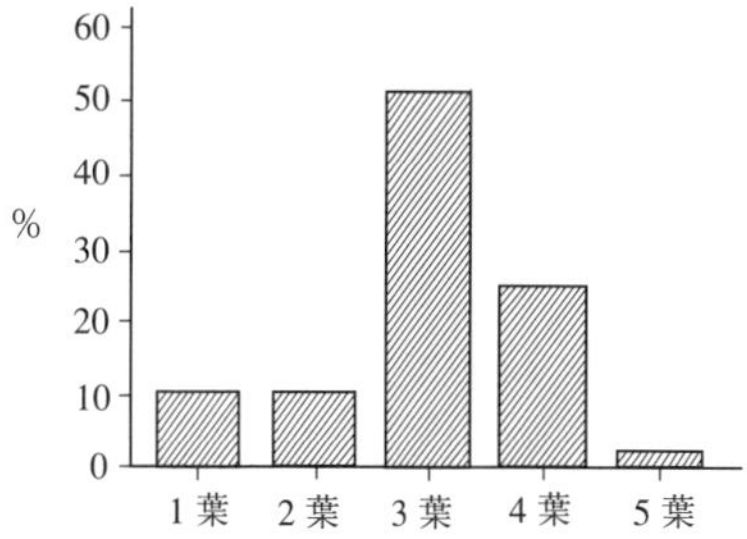

図1−17　経年成熟株の葉数分布（OT系，移植3年目）（1990，北海道立十勝農業試験場）

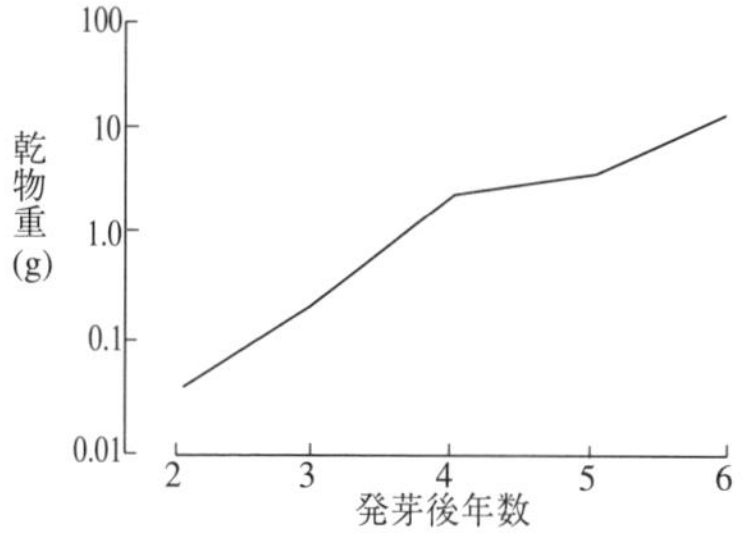

図1−18　発芽後2〜6年の1株乾物重（1993，金澤原図）

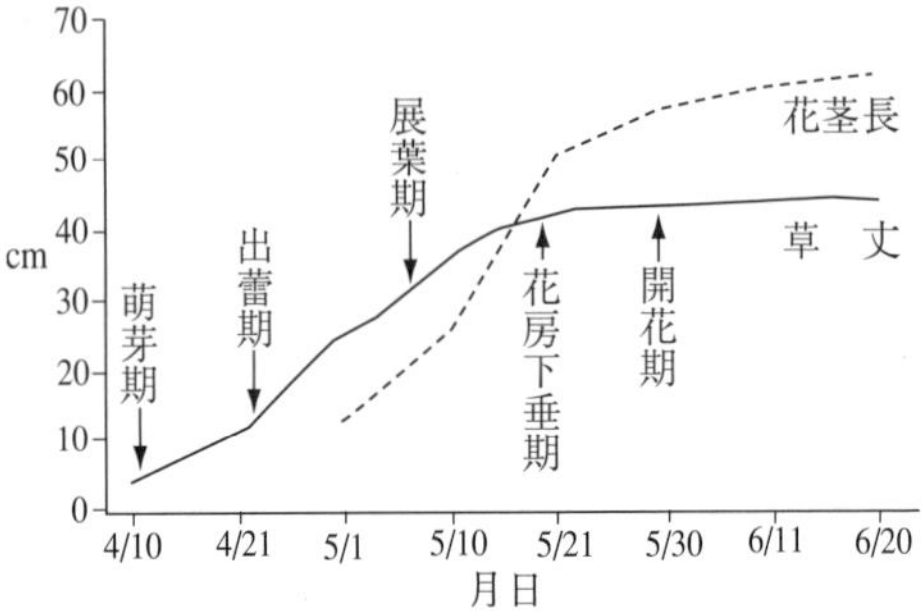

図1－19　開花株（経年株）**における草丈，花茎の伸長**（OT系）（1990，北海道立十勝農業試験場）

台する株がみられ、抽台株では普通葉の葉鞘合掌部から花茎が抽出し、頂部に白い小花からなる花球が認められる。

実生株の生長の良いものは、五年目茎から食用に収穫できるようになるが、自然条件下ではさらに二～三年長くかかると考えられる。一般のネギ属植物の生長期間は一～三年であるのに対して、ギョウジャニンニクの場合は異例に長い生長期間を要する。

(2)　成株の生育過程

ギョウジャニンニクの地上部の発育過程を春の芽生えから順次説明すると、次のとおりである。

■萌芽・展開期（三月下旬～五月中旬）

春、融雪時には萌芽葉の頭部がすでに四～五センチ程度、地上に現われている。萌芽葉は四月上旬から伸長を開始し、中旬までに一～二葉（まれに三葉）が出葉する。萌芽葉の伸長に続いて普通葉が四月中旬～下旬に出葉するが、葉数は二～三葉が多く、四葉の株もまれにみられる。普通葉の伸長は五月中旬には停止し、以後は葉数の増加はみられない。

萌芽は前年秋に、地上にのぞかせていた萌芽葉（葉鞘茎）が伸長することから始められ、草丈は萌芽期以降、五月中旬まで直線的に伸長する（図1―19）。

■抽台・開花期（四月下旬～六月中旬）

四月下旬～五月上旬になると、花茎が普通葉の間から抽出する。花茎は出蕾期以降、五月下旬までに急激に伸長し、それ以降はゆっくりと伸長する（図1―19）。花茎が急激に伸長している間は花房は上を向いているが、伸長が停止する頃には頂端部がたわんだように下を向き、開花が近づくと再び垂直になる。花茎の頂端部には総苞に包まれた花球があり、花茎の伸長が停止する時期に総苞が裂開し、花球の上部から順に小花が開花する（図1―20）。開花期は五月上旬から六月中旬に及ぶ。

開花は花房上部の小花から始まり、株に向かって開花が進行する。花房のすべての小花が咲くのに数日から二週間を要する。

図1―20　抽台株にみられる花茎と花球

■**枯葉期**（七月中旬〜九月上旬）

花が終わると三室に分かれた朔を結び、七月下旬頃から、上部から順に裂開する。この頃から葉は黄化し始め、九〜十月には地上部は完全に枯死して新たな萌芽葉が出葉し、休眠状態となる。ただし、栄養状態によっては九月まで緑色を呈する株もみられる。

■**花房分化**

抽台は四月下旬から五月上旬にみられるが、花房分化は前年の八月上旬〜九月上旬に形成される。まず生長点部が隆起して総苞が形成され、総苞と花茎が明確に区別でき、花茎の基部には花茎側芽が形成される。花房および花茎側芽は葉鞘内部で普通葉で包まれて越冬し、翌春、花房は生長して抽台・開花し、花茎側芽は地上に伸長することなく、展葉するのは翌々年の春となる。

(3) 分げつによる増殖

一般に、ネギ属の分げつは普通葉の葉腋部に腋芽が構成されて発育した場合に起きるが、ギョウジャニンニクでは、このほかに花茎側芽が二個形成された場合にも起こることが明らかになった。

分げつが明らかに完了する年を基準年とすると、分げつ芽（萌芽葉）は基準年の二年前の八〜九月に普通葉芽の葉腋部に認められる。その数は一節に二個以上の例はみられず、普通葉の伸長とともに徐々に発育し、九月には四〜五センチに達する。普通葉の分化は、出葉前年の春に萌芽葉の分化が完了したのちに始まり、発育初期には葉身部が円盤状に開いているが、その後、葉身部が縦に折りたたまれたかたちとなる。葉芽は春には二〜三ミリであるが、秋までには三〇〜四〇ミリとなり、翌春には伸長して展葉する。

萌芽葉の分化は出葉する二年前の八月下旬から九月上旬頃から始まり、翌年の春までに一〜三枚の葉数が決定している。分化した年は一〜二ミリ程度で越冬し、翌年の四〜九月に地下の葉鞘内部で徐々に発育して四〜五センチに達する。地上部が葉鞘基部から枯れ始め、完全に枯れる十〜十一月頃には頭部が地上に現われる株もみられるが、ふつうは翌春地上に萌芽する。

ギョウジャニンニクの生長点は萌芽葉と普通葉を分化するが、花房を形成した場合には従来の生長点は消失することになる。ただし、花房形成時には花茎の基部に通常一個の花茎側芽が形成されるため、この生長点により株が生存し続けることになる。しかし、これを繰り返しているかぎり分げつは起こらず、いつまでも一株の状態で生存を続ける。

したがって、株数の増加、いわゆる分げつは、分げつ芽（普通葉の腋芽）が形成された場合と花茎側芽が二個形成された場合にのみ起こる現象である。後者の場合はきわめてまれにしか起こらず、株数が増加する分げつは前者による場合がふつうである。分げつの数は一節に二個以上の例はみられず、分げつ芽が形成される位置は親株の葉序面上で、花茎側芽とは異なる。

ネギ属作物の分げつ数は、多いものではアサツキのように一年間に九〇株以上になるものがあるが、ギョウジャニンニクでは多くても三～四株である（図1―21）。

(4)　不定芽による増殖

ギョウジャニンニクの十分に生育した成株を掘り上げると、一本の成株の根に一～数個の不定芽がみられる。不定芽の形成位置は根の先端部から離れた部分に多くみられ、株を掘り上げた場合、容易

図1―22　不定芽の形成
矢印は茎葉が伸長した不定芽。

図1―21　分げつ茎数別鱗茎

に離脱する。また、不定芽や不定芽から生長して地上に出葉した植物体は根も数本伸長しており、独立して生長できる状態となっている(図1―22)。根に不定芽を形成した株は十分に生育した成株であり、発芽後二～六年目の株では不定芽が認められなかったことから、不定芽の形成には株の齢が大きく関係するものと思われる。

根に形成された不定芽を用いる繁殖方法は、根系の広がりを利用して広い範囲に繁殖することや、外的環境の影響を受けにくいので、有効な方法と考えられる（図1―23）。また、形成された不定芽が親株から容易に離脱することや発根が観察されたことは、不定芽に独立して生長できる態勢ができていることを示している。

秋に観察された不定芽はすべて萌芽葉の状態で存在し、翌春に展葉した植物体が観察されたことから、形成された不定芽が地下で生長した後に地上に現われたものと推察できる。ギョウジャニンニクは葉原基の分化から萌芽葉の出葉までに通常二年を要するが、根の不定芽の生長が早いところから、生育期間の短縮に十分利用できると考えられる。

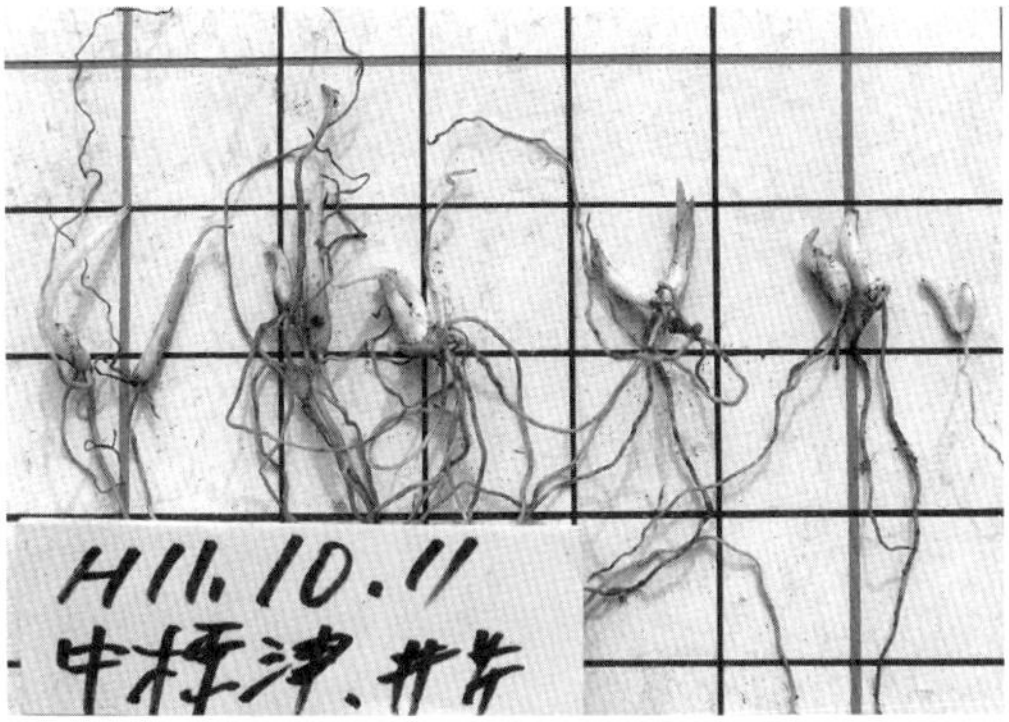

図1－23　不定芽の大きさ

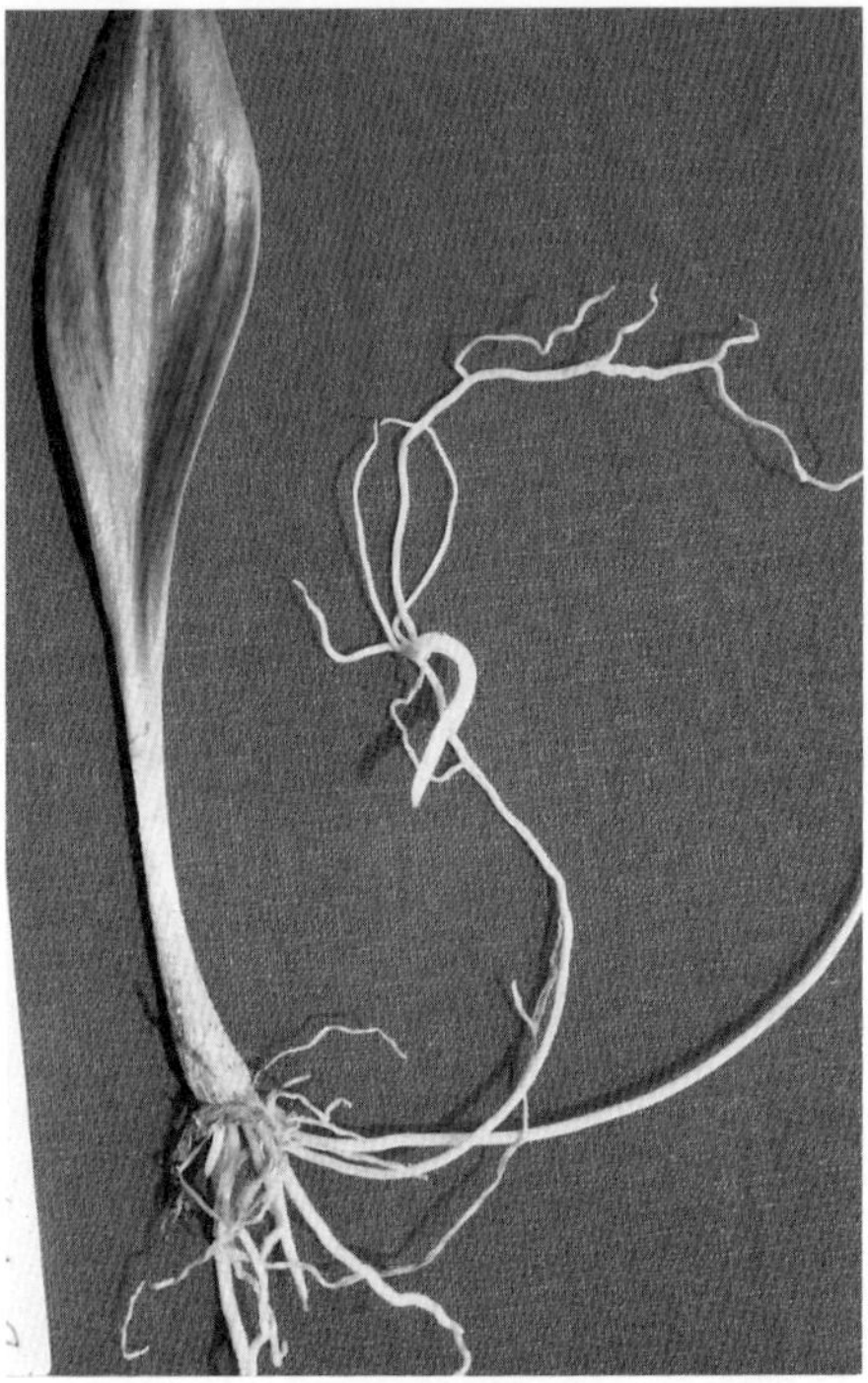

図1－24　実生3年目株にみられた不定芽
（1995年8月17日播種，1998年5月5日調査）

ギョウジャニンニクは種子繁殖と分げつによる栄養繁殖の両方を行なうが、成株においては、分げつのほかに根に不定芽を形成することにより繁殖することも明らかになった。根に不定芽を形成して繁殖する現象は、他のネギ属作物においては報告がなく、ギョウジャニンニクの特性の一つである。

なお、近年、著者らの観察によると発芽後三年目の株においても不定芽がしばしばみられることから（図1―24）、不定芽の発生は株の齢より圃場条件である土壌の肥沃度（施肥水準）や通気性などの要因により大きく左右されるものと考えられる。

また、堆肥を表層施用した圃場へ定植した経年茎二年目のひげ根には一株数個以上の不定芽が認められることから、不定芽の発生しやすい栽培条件を整備することにより、ギョウジャニンニクの増殖

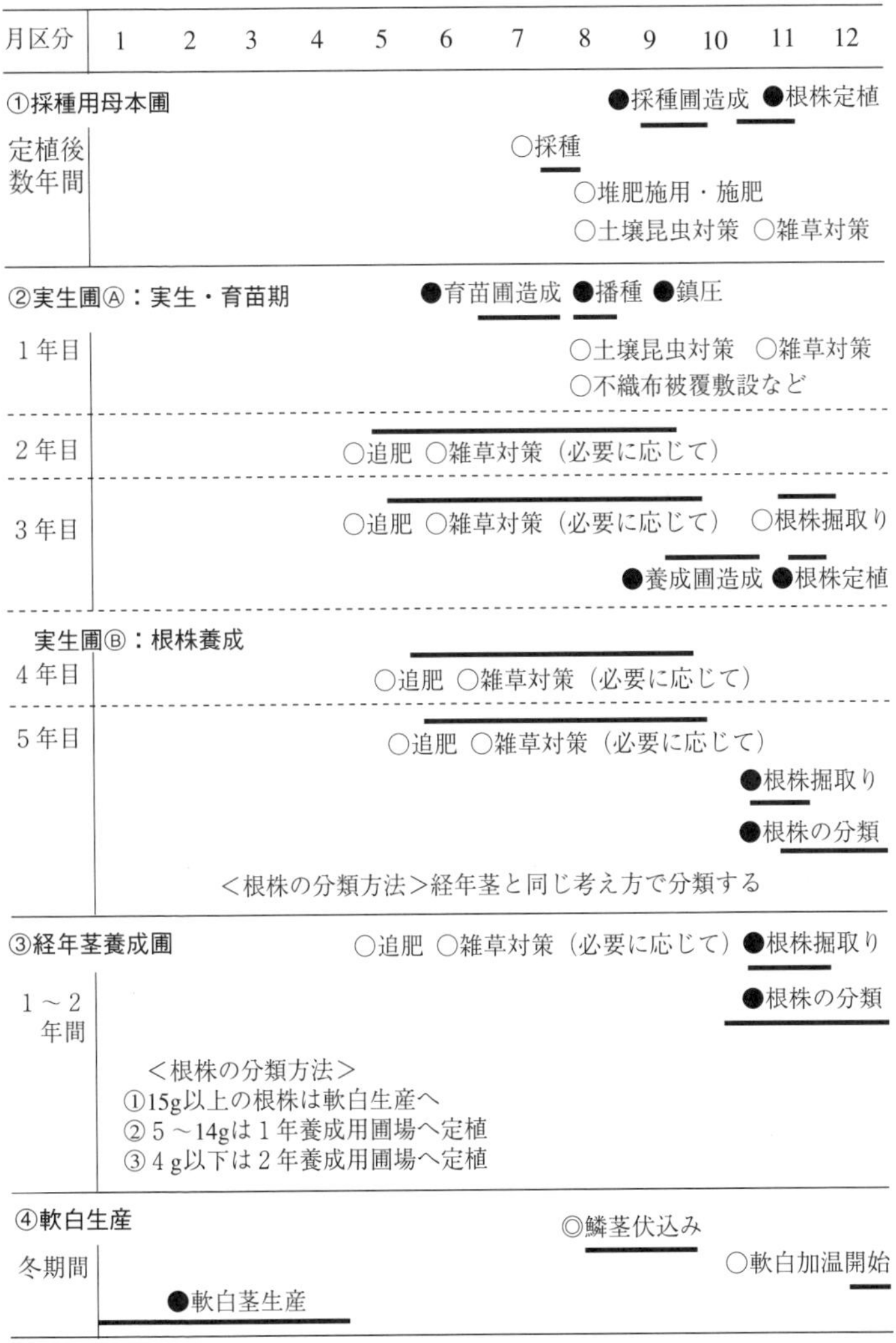
月区分
1
2
3
4
5
6
7
8
9
10
11
12
①採種用母本圃
定植後数年間
●採種圃造成
●根株定植
○採種
○堆肥施用・施肥
○土壌昆虫対策
○雑草対策
②実生圃Ⓐ：実生・育苗期
1年目
●育苗圃造成
●播種
●鎮圧
○土壌昆虫対策
○雑草対策
○不織布被覆敷設など
2年目
○追肥 ○雑草対策（必要に応じて）
3年目
○追肥 ○雑草対策（必要に応じて）
○根株掘取り
●養成圃造成
●根株定植
実生圃Ⓑ：根株養成
4年目
○追肥 ○雑草対策（必要に応じて）
5年目
○追肥 ○雑草対策（必要に応じて）
●根株掘取り
●根株の分類
<根株の分類方法>経年茎と同じ考え方で分類する
③経年茎養成圃
1～2年間
○追肥 ○雑草対策（必要に応じて）
●根株掘取り
●根株の分類
<根株の分類方法>
①15g以上の根株は軟白生産へ
②5～14gは1年養成用圃場へ定植
③4g以下は2年養成用圃場へ定植
④軟白生産
冬期間
◎鱗茎伏込み
○軟白加温開始
●軟白茎生産

図1−25　ギョウジャニンニクの4つの栽培体系

率を高める有効な手段になるものと考えられる。

4、栽培のあらまし

ギョウジャニンニクの栽培目的は軟白茎を生産し、利益を生み出すことにある。軟白茎を生産するには、根株（鱗茎）を養成する工程と根株を使用して軟白栽培する工程の二つの工程が必要になる。また、根株を養成するには、①実生からの養成、②不定芽からの養成、③経年茎の増殖並びに経年茎から発生する分げつ茎の養成、の三つがある。

ギョウジャニンニク栽培を自己完結で行なうためには、四つの栽培体系が必要になる。①採種用母本圃の管理、②播種後三カ年間の育苗管理（不定芽からの根株養成は実生の二ないしは三年目に該当する）と定植後二年間の根株養成期の管理、③経年茎養成管理、④軟白茎生産、の四つの体系である（図1—25）。

第2章　生理・生態と栽培ポイント

1、低温遭遇は必須要件

ギョウジャニンニクの自生地は、本州中部以北の山地の湿った草原や日本海沿いの山地の林床、北海道では平地から山地まで広範囲にわたりみられる。これら地域では冬期間の最低気温は二カ月以上〇℃以下であり、夏期の最高月における平均気温は二二～二三℃である。栽培を試みる場合、これらに準ずる地域が望ましいことになる。

(1) 八～九月に枯凋後、春まで休眠

一般に、ネギ属作物には、夏に休眠する型（アサツキ、ニンニクなど）と、冬に休眠する型（ネギ、ニラなど）とがある。ギョウジャニンニクは、八～九月に地上部が枯れたのち、翌春まで萌芽がみられず休眠に入る冬型である。そこで、休眠の特性を知り早期に覚醒させる方法を確立することにより、生育期間をコントロールすることが可能と考えられる。

成株を用いて調べた結果を示すと次のとおりである。

一九八八年十月一日から一九八九年一月五日まで約一五日ごとに株を掘り上げたのち、室温（二五℃）で生育させた場合の六〇日後の萌芽率は、十一月一日までの掘り上げ区では〇％であったが、十

一月十五日掘り上げ区では七〇％、十二月一日以降の掘り上げ区では一〇〇％であった。

普通葉の展葉開始所要日数は、十月一日掘り上げ区では一六一・八日を要したが、十二月一日以降の掘り上げ区では約三〇〜四〇日で展葉した。

草丈も萌芽率と同様の傾向を示し、十一月十五日掘り上げ区では出葉後に普通葉の伸長が途中で停止し、わい化する傾向がみられた。十二月一日以降の掘り上げ区では正常に生育することから、自然条件下での休眠の終了は北海道札幌では十二月一日以降と考えられる（金澤俊成博士「北海道大学農学部邦文紀要第18巻第2号」より）。

(2)　軟白茎生産の前進化はむずかしい

休眠打破には掘取り時期、貯蔵温度と期間が関係する。休眠打破には、早掘りでは貯蔵期間は長く遅掘りで短くなり、貯蔵温度が〇℃で期間は短く五℃で長くなる。休眠が打破されないかぎり、加温しても正常に生育しないため栽培の前進化は困難である。

一九八八年十月一日および十一月一日に掘り上げた株を〇℃および五℃に各々一五、三〇、四五、六〇日間貯蔵したのち、温室で生育させた場合の萌芽率は次のようであった。

十月一日に掘り上げた株では、〇℃で三〇日間貯蔵を行なった区で一〇％程度、四五日間貯蔵区では一〇〇％の萌芽が認められた。これに対し五℃貯蔵区では、三〇日では認められず、四五日で六〇

%、六〇日においても八〇%の萌芽率であり、〇℃貯蔵区に比べ萌芽の開始が遅れる傾向がみられた。

十一月一日に掘り上げた株では、〇℃の一五日間貯蔵区で萌芽がみられ、三〇日間貯蔵区では一〇〇%となった。五℃においても一五日間貯蔵区から萌芽がみられたが、三〇日間貯蔵区で六〇%、四五日間貯蔵区で一〇〇%に達するなど、〇℃に比べ萌芽のそろいは遅れる傾向がみられた。また、十月一日に比べ十一月一日に掘り上げたほうが、萌芽率が高い傾向がみられた。

なお、十月一日掘り上げと十一月一日掘り上げにより萌芽率や普通葉の展開日数に差が現われるのは、休眠打破に遭遇する温度が関与しているものと考えられる。すなわち、十月一日の最低気温は一〇℃程度なのに対し、十一月一日では〇℃付近の温度に遭遇する期間が長くなる。また、貯蔵温度では〇℃が五℃に比べ良好なのは、休眠打破のためには温度を低くし、それにみあった貯蔵期間が必要であることを示している（金澤俊成博士「北海道大学農学部邦文紀要第18巻第2号」より）。

(3) 温暖な地域での夏期対策

前述したように、ギョウジャニンニクには休眠現象があり、休眠打破のためには一定期間低温にあうことが必要とされている。そのため、温暖な地域での栽培には冬期間の気温に十分配慮する必要がある。

また、ギョウジャニンニクは寒冷地域の植物であるため、夏期、高温になる地域には向かないものと考えられるが、富山県林業技術センター・林業試験場（立山町）では、従来経験的に行なわれていた山菜の夏期管理について、自生地の気象条件に対応した方法を提案している。これは、夏期（六月四半旬から九月二半旬）の平均気温を一九〜二二℃になるように遮光率二〇％の資材で遮光し、乾燥するときには灌水する、という方法である（平成十一年十一月十日付「日本農業新聞」）。

このことから、ギョウジャニンニクの栽培は、冬期の気温で〇℃以下が四五日以上続いて確実に休眠打破が可能な地域で、夏期の平均気温が二二〜二三℃以上に上昇しないよう遮光（遮光率二〇〜八〇％の資材で対応）や乾燥時の灌水などの手法を用いることによって可能となる。ギョウジャニンニクの場合、気象的な条件をクリアできれば土地条件をあまり選ばないため、どこでも栽培は可能と考えられる。

全国の主な地域の月別温度分布をみると表2―1のとおりであり、地域差が明瞭にみられる。北海道以外でギョウジャニンニクを栽培する場合には、近隣府県における自生地の温度条件を十分に調べることが重要である。北海道以外におけるギョウジャニンニク栽培の成功への鍵は気象条件にあるといえる。

表2－1　全国の主な地域の1，2，7，8月の月平均気温（℃）

地点	1月	2月	7月	8月
旭川	−8.4	−7.7	20.4	20.9
札幌	−4.6	−4.0	20.4	21.7
釧路	−6.1	−6.0	15.3	17.8
盛岡	−2.5	−1.9	21.7	23.2
新潟	2.1	2.2	24.3	26.2
長野	−1.2	−0.5	23.5	24.8
熊谷	3.2	3.9	24.6	26.2
静岡	6.1	6.7	25.3	26.7

（1961年から1990年までの平均値）

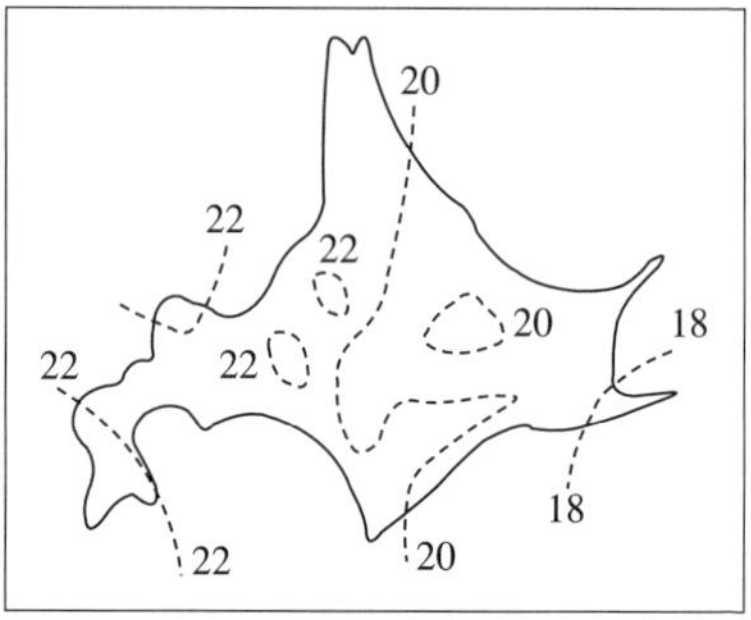

図2－1　北海道の8月の平均気温分布
(℃)
(『北海道の気象と農業災害』より)

(4) 自生地に準ずる地域で栽培化

ギョウジャニンニクの自生地は、シベリア、カムチャッカ、満州、中国北部など寒冷な地域に多くみられる。日本におけるギョウジャニンニクは、本州の奈良県以北の深山や、日本海沿いの山地の林床に自生しているが、現在では、北海道ばかりでなく東北、北陸各県や長野県で栽培化が進んでいる。山形県の小国町では二〇年以上前から栽培化に取り組み、地域の特産品として定着していることは広く知られている。また、長野県北部の栄村では、一〇〇戸以上の農家が栽培化に取り組んでいる。

筆者が居住する北海道根室地方中標津町の気象は、年平均気温が四・六℃で、冬期間はマイナス二〇℃に達する。また、農耕期間（五～九月）の積算温度は二二一〇℃で、八月の旬別気温も二〇℃に達しない年が多いという地域である。このような日本で最も冷涼な地域においてギョウジャニンニクの生育は、すこぶる良好である。北海道では平地も含め、どこでもギョウジャニンニクの栽培が可能であるが、それは、ひとえに夏期冷涼な気象条件によるものである。

一年で最も気温が上昇する八月でも、北海道では気温の高い地域であっても平均気温は二二℃にしかならず、前述した夏期の管理指標の範囲内になっている（図2―1）。このような気象条件の範囲内であれば、どこでも栽培できるため、北海道以外でも栽培の適応地域はかなり広いと考えられる。

2、種苗の入手・増殖は容易

(1) 種子、分げつ、不定芽で増殖

ギョウジャニンニクは増殖率の低い植物であるが、種子、分げつ、不定芽の三つの方法により増殖でき、これらの手法を最大限に活用することが栽培のポイントになる。

自然状態のギョウジャニンニクは、①夏、種子が落ちて発芽し、春になってから地上に出芽する、②すでにある鱗茎から分げつにより栄養繁殖する、③成株では根から芽を出して不定芽繁殖する、などの三つの増殖形態が知られている。自然状態の増殖は主に不定芽と分げつによるものであり、種子からの増殖はわずか一％程度であるといわれている。

しかし、不定芽は成株で一株当たり一～数個、分げつは多くても三～四本であり、ギョウジャニンニクの栄養繁殖は増殖率が低く年数もかかる。そのため、短期間に効率よく鱗茎を増殖するには種子

図2―2　定植2・3年目の採種圃
植付けの翌年（平成10年6月24日）のようす（上）と3年目の結実のようす（下）。草勢も変化する。

繁殖が基本となる。母本設置による採種の場合、筆者らの例では、母本植付け後、一平方メートル当たり初年は一六九粒であったが、三年目で七五五〇粒と四四倍に増加した。母本圃場の密度が高まれば一平方メートル当たり一万粒の採種が可能になる（図2―2）。

(2) 種子、採種用母本の調達

ギョウジャニンニクの栽培を開始するためには、根株（鱗茎）または種子を確保しなければならない。そのため、根株の確保は自生地から採取するか、すでに栽培されている人から入手することになる。また、種子の場合も同様で、母本用根株を確保したうえで自家採種するか、種子を入手するなどの方法によらなければならない。

北海道で母本用根株を確保する場合、民有地からの確保が確実だが、最近では資源が減少し、入手しづらくなってきている。国有林は水源保安林や防風保安林、さらには国立公園であることが多く、入林する場合には最寄りの国有林森林管理署や管理事務所などに相談してみるのも一つの方法である。遺伝資源の保存など、学術的な意味あいを含む場合には採取が可能な場合がある。

なお、自生地での採種は効率が悪く、考えないほうが無難である(図2—3)。一般的な自生地はギョウジャニンニクばかりでなく、多くの樹木や草本類が茂っており、ギョウジャニンニクが開花し結実する頃には樹木は葉をつけ、草本類は草丈を伸長させている。そのため、下繁草のギョウジャニンニクは日あたりは悪く、花粉を媒介する昆虫も少ないため、結実は不良となる。また、ギョウジャニンニクの結実期には草本類が繁茂するため、生育する場所を特定できない場合が多く、地理に明るい人でも採種は困難なことが多い。

図2－3　自生地での結実のようす
結実期の草勢（上）と結実の状態（下）。結実粒が非常に少ない。

(3) 種子、根株（母本）ともに購入は可能

ギョウジャニンニクの栽培を考える場合、種子の確保を最重点に考えなければならない。近隣に種子の提供者がいない場合には、まず、採種圃を設けることから始めなければならない。

母本や種子を近隣で入手できない場合は、種苗会社より求めることになる。種苗会社の小売り用カタログには山菜類の根株頒布がよくみられるが、このような会社の場合、必ずギョウジャニンニクも取り扱っている。それらのカタログによると、一芽二〇〇～三〇〇円程度の価格が表示されている。また、最近（平成十二年）では三年生苗が一芽五〇円程度で取り引きされている実態もある。根株を大量に必要とする場合には、入手先を一七一ページ付録に記載したので照会されたい。

しかし、種子の頒布を行なっている種苗会社は現在のところみあたらない。その理由は、種子は乾くと発芽活力を失うので流通しにくいためと考えられる。種子で入手する場合には、採種者と綿密に打ち合わせ、種子が乾かないように梱包しクール便などで輸送し、到着後ただちに播種できる体制が必要になる。

また、種子を流通させるときは、小果ごとはずし、湿らせた木綿か新聞紙で包んだ状態で行なうのが望ましい。

表2−2　施肥水準別採種量成績（1996，北海道立十勝農業試験場）

試験区	年度（平成）	成分（N−P−K）	草丈（cm）	花球数（球／m²）	花球重（g／m²）	果実重（g／m²）	種子数（粒／m²）	種子重（g／m²）	1花球当たり種子数（粒）	千粒重（g）	1果当たり種子数（粒）	分げつ数
無施肥	5	0−0−0	33	28	87	65	2,156	13.2	68.9	6.1	1.9	−
	6	0−0−0	39	65	103	92	4,114	39.2	50.7	8.7	−	−
	7	0−0−0	−	125	355	135	7,194	89.3	57.6	12.4	−	9.2
少肥	5	5−7−5	42	61	207	152	5,569	33.0	91.4	5.9	1.9	−
	6	0−0−0	44	52	110	82	3,851	39.5	73.3	10.2	−	−
	7	0−0−0	−	110	390	299	7,992	82.8	72.6	10.3	−	10.8
多肥	5	15−20−15	47	71	281	208	7,059	43.6	91.4	6.2	1.9	−
	6	5−15−5	45	108	236	208	11,400	108.3	73.3	9.6	−	−
	7	5−15−5	−	200	700	529	8,504	86.4	72.6	10.1	−	10.8
多肥	5	25−34−25	52	133	488	354	11,856	72.3	88.8	6.1	1.9	−
	6	5−15−5	48	150	249	181	8,207	74.5	55.8	9.0	−	−
	7	5−15−5	−	270	755	575	16,813	163.4	62.3	9.6	−	9.2

〔注〕施肥時期と肥料名は，平成5年4月21日；S161，平成6年4月20日；S131，平成7年4月19日；S131

(4)　採種量を増やす母本への施肥

ギョウジャニンニクは他のネギ属と比較し、極端に種子生産量は少ない。増殖効率を高めるには、種子生産量を増加させることが重要になる。

施肥水準が採種量に及ぼす影響について北海道立十勝農試で検討され、採種量は施肥によって増えることが明らかになっている。株分け改植後三年経過した圃場の四年目の早春に施肥水準を四段階に設定し、施肥二年目からは無肥料、施肥区（N—P—K：五—一五—五）の二水準として三年間にわたり採種量について調査している（表2—2）。

その結果は、施肥後二年目から、施肥量

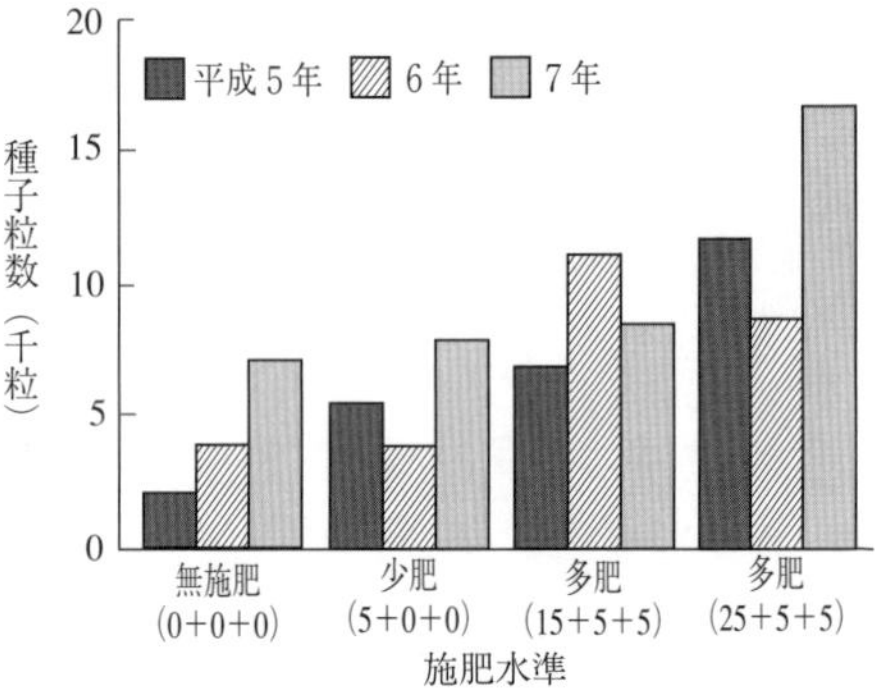

図2－4　施肥量と採種量（種子粒数/m²）
（1996，北海道立十勝農業試験場）

が多いほど花球数、果実重、種子数は多くなった。一花球当たり種子数や千粒重には大差なく、採種量の増加は、主として花球数の増加によるものであった。

三年目になると、花球数は施肥量に対応して増加し、果実重、種子数は多くなった。無肥料に対する施肥区の果実重、種子数は二倍程度の差がみられるものの、処理区にバラツキがみられた。この年は六月後半から高温にみまわれ、結実に適さなかったものと考えられた。

四年目には施肥の影響が明瞭にみられ、施肥量が多いほど花球数、花球重とも多くなり、採種量は多くなった。初年の施肥量と二年目以降の施肥の有無によって生育に差がみられ、施肥により生育が旺盛になり、花球数が多くなった。採種量も三カ年を通してみると施肥量が多いほど増加した（図2―4）。

(5)　生存率が高い放任交配

自然条件でのギョウジャニンニクは、主に分げつや不定芽による栄養繁殖により増殖する。しかし、

表2－3　産地系統（母材）別交配方法の違いと採種成績
（平成5年）（1996，北海道立十勝農業試験場）

	母群記号	花球数（個/m²）	花球重（g/m²）	果実重（g/m²）	1花球重（g）	1花球当たり果実重（g）
近交交配	HT	**47**	133	52	2.8	1.1
	KF	10	21	9	2.1	0.9
	KU	**24**	71	38	3.0	1.6
	OK	**27**	**73**	**39**	2.7	1.4
	ON	**47**	139	55	3.0	1.2
	SH	17	37	14	2.1	0.8
	ST	**26**	**60**	26	2.3	1.0
	TU	**22**	**27**	13	1.2	0.6
放任交配	HT	40	**276**	**178**	**7.0**	**4.5**
	KF	**12**	**47**	**31**	**4.0**	**2.7**
	KU	17	**123**	**81**	**7.2**	**4.7**
	OK	14	49	31	**3.6**	**2.3**
	ON	42	**284**	**190**	**6.8**	**4.6**
	SH	**38**	**263**	**157**	**7.0**	**4.2**
	ST	13	59	**35**	**4.7**	**2.8**
	TU	6	24	**15**	**4.3**	**2.6**

〔注〕太字は，同一母群の近交交配と放任交配の比較で高いほうの数値。

大量に増殖するには種子に頼ることになる。ギョウジャニンニクはハチ、アブやハエなどにより交配が行なわれる虫媒花であり、自家受粉でも、他家受粉によっても種子生産は可能である。自家受粉で得られた種子は母本と同じ形質の子孫が得られるため、優良な形質をもった系統を大量に得るには都合の良い方法である。隔離による近系統間の受粉と、放任受粉による他家受粉により生産された種子の生産特性について、北海道立十勝農試で検討が試みられているので紹介する。

　全道八カ所から採種した母材を共通使用し、近交交配は採種個体を防虫網で隔離、イエバエを放飼し受粉させて採種し、他家受粉は放任受粉させて採種した。その結

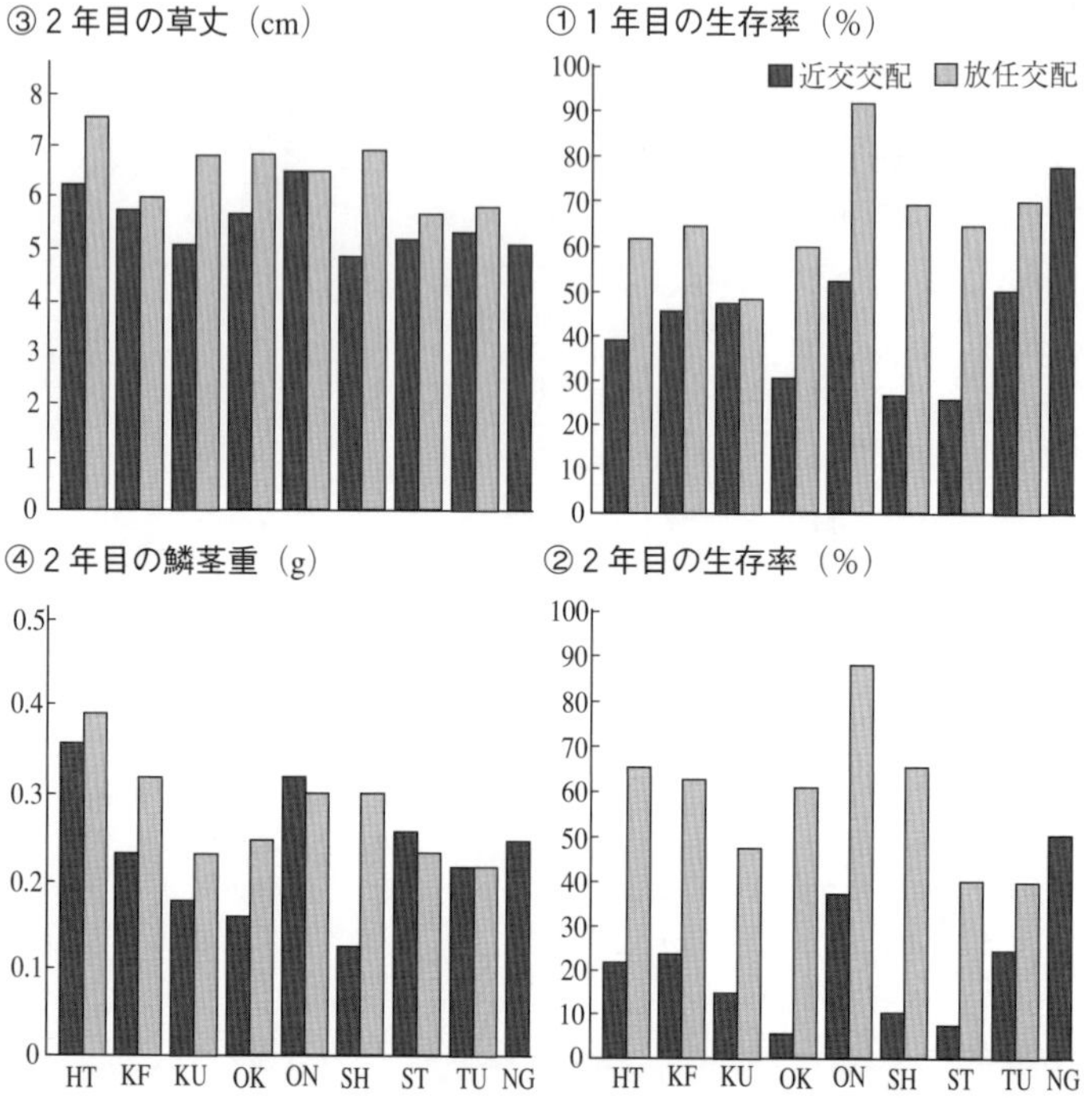

図2－5　母材別交配方法の違いと播種後の生存率・草丈・鱗茎重

（1996，北海道立十勝農業試験場）

果は、近交交配による採種では、他家受粉による採種に比べ、果実重、一花球重、一花球当たり果実重とも軽くなっていたことから、このような差は受粉方法の違いにより生じたものと考えられた（表2－3）。

隔離により得られた近交系群と放任受粉による他家受粉群の生育については、播種後一年目の結果のうち、草丈についての差はみられないものの、生存率では近交系で二四・四～七六・九%に対し、放任系では四八・八～九一・三%であり、近交系は一系統を除いて大幅に低くなる傾向がみられた。

播種後二年目の結果は、生存率は、近交系で四・四～四九・三％に対し、放任系では三三・八～八八・四％と明らかに差がみられ、草丈では、近交系四・九～六・五センチに対し、放任系では五・九～七・五センチであった。鱗茎重においては、近交系では〇・一三～〇・三六グラムに対し、放任系では〇・二二～〇・三九グラムと差がみられるものの、系統により逆転するものが認められた（図2―5）。

近交系は、放任系統に比べ、萌芽始めは同等であったが、草丈などの生育性や生存率で下回り、鱗茎重においてもバラツキが大きいことから、現状では放任受粉で採取した種子を利用するほうが安全であると考えられる。このような結果から、実用的な採種に当たっては産地の異なる系統を配置し交配させる工夫が必要になる。

3、種子の発芽条件と発芽のしくみ

ギョウジャニンニクの発芽温度は一五～二五℃である。発芽率を高める方法としては、二〇～三〇日間の高温（三〇℃）、または変温（一五←→二五℃）処理が有効である。前処理としての低温処理は、発芽率を低下させることが認められている。これらのメカニズムについて、金澤博士の研究成果に基づき紹介する。

(1) 種子の発芽と生育過程

種子の発芽特性を知ることは増殖方法を確立するための基礎となり、栽培化に役立つばかりでなく、植物の繁殖様式を知るうえで重要な意義がある。

種子の発芽過程は他のネギ属作物と同様であるが、発芽までに要する日数は他のネギ属作物では播種後数日であるのに対し、ギョウジャニンニクでは発芽に適した条件においても約一カ月を要し、きわめて遅いのが特徴である。また、第一葉が出葉するまでには発芽後六~八週間かかる。種子を水に浸して二〇℃、暗所の条件におくと一~二日でふくらむものの、発芽開始までには約一カ月を必要とする。

最初に、白い幼根の先端が現われ、三~四日後には幼根が伸長し、幼根の上部一~二ミリの部分がやや肥大し、発芽一週間後には子葉が白色から緑色に変化する。その後、幼根の上部がさらに肥大し、子葉、鱗茎、根が外観的にみられるようになる。発芽二~三週間後には子葉が濃緑色になり、子葉、鱗茎、幼根はさらに伸長するが、根の伸長が著しい。

発芽四週間後には子葉の長さはほとんど変化しないが、個体によっては鱗茎の基部から新しく発根する。発芽六~八週間後には鱗茎の伸長が著しく、子葉と鱗茎の境界から第一葉の出葉がみられる。

(2) 発芽は光と温度に影響される

■発芽と光、温度条件

発芽は明るさや温度によって左右される。これらの条件は金澤博士によって調べられている。光条件は明所（一六時間二五〇〇ルクス）と暗所、温度条件は一〇℃、一五℃、二〇℃、二五℃、三〇℃（三〇℃は暗所のみ）の九処理区を設け、播種後六〇日目に調査した。

光条件では二〇℃の発芽率は暗所で五六％、明所で二八％と暗所が高く、温度条件では二〇℃、二五℃の発芽率は暗所でそれぞれ五六％、五〇％であった。この試験では、二〇℃と二五℃の間に大きな差は認められなかった。また、播種後六〇日以降の観察では、二五℃で発芽率の変化はみられず、二〇℃ではやや高くなる傾向がみられた。一〇℃と三〇℃では、播種後六〇日までには発芽は認められず、以後も発芽しなかった（表2―4）。

■発芽率が高まる高温、変温の前処理

種子の発芽前の高温、変温処理が発芽率にあたえる影響は、二〇～三〇日間の処理期間で向上することが認められている。温度条件を〇℃、一五℃、三〇℃の恒温区と、一五℃と二五℃を一二時間ずつ交互に与え

表2―4 光および温度と発芽性（1993，金澤）

温度（℃）	処理60日後の発芽率（％）	
	明	暗
10	0	0
15	3	5
20	28	56
25	0	50
30	無試験	0

表2−5　低温, 高温による前処理の温度と変温管理による発芽性の違い
(1993, 金澤)

種子生産年	発芽率(%)				
	前処理温度(℃)	前処理期間(日)			
		0	10	20	30
1987	20(対象区)	23	−	−	−
	0	−	5	0	0
	10	−	0	0	0
	30	−	32	35	42
	15←→25	−	32	44	54
1988	20(対象区)	43	−	−	−
	0	−	8	1	0
	10	−	2	0	0
	30	−	43	62	61
	15←→25	−	48	74	90

た変温区を設け、それぞれ一〇、二〇、三〇日間前処理したのちに発芽適温である二〇℃暗所に移した。また、各前処理に用いた温度を続けた区と二〇℃で継続した区を設け、前処理区と比較した。種子は、五℃で約一年間貯蔵した完熟種子(一九八七年)と当年採取した種子(一九八八年)を用いた。

この結果、発芽率は三〇℃の高温処理を三〇日間行なったのちに二〇℃に移した区で四二%であり、二〇℃継続区の二三%に比べて高く、採種当年種子(一九八八年種子)を用いた場合に顕著であった(表2—5)。また、一五℃と二五℃の一二時間ごとの変温区では、さらに効果は大きく、三〇日間の前処理では両年の種子とも二〇℃継続区に比べ二倍以上の高い発芽率を示した。一方、〇℃および一〇℃の低温処理では、発芽率は著しく低いことが示された。

なお、発芽率は、ジベレリンによってわずかに高くなる傾向がみられたが、実用的な効果は認められなかった。また、KNO_3(硝酸カリ)などでは効果はみられなかった。

表2－6　種子熟度と発芽性（1992，北海道立十勝農業試験場）

種子の熟度	Ⅰ	**Ⅱ**	**Ⅲ**	**Ⅳ**	Ⅴ	Ⅵ	Ⅶ
果実の色	緑	黄緑	黄褐色	ベージュ	ベージュ	ベージュ	ベージュ
果実の裂開	裂開前	裂開前	裂開期	裂開後	裂開後	裂開後	裂開後
種皮の色	茶褐色	黒	黒	黒	黒	黒	黒
種子の光沢	あり	あり	あり	あり	なし	なし	なし
種子のしわ	なし	なし	なし	なし	あり	あり	あり
播種時期	採りまき	採りまき	採りまき	採りまき	採りまき	裂開後7日	裂開後10日
昭和63年							
発　芽　率	11.4	42.5	83.0	83.7	72.2		
越　冬　率	71.8	80.0	76.3	86.3	67.0		
出　芽　率	8.2	34.0	63.4	72.2	48.8		
平成1年							
出　芽　率	21.0	25.4	26.0	28.4	14.3	7.9	
平成2年							
出　芽　率	15.3	22.0	40.0	19.3	18.0	20.7	9.3

〔注〕太字は採種適期の熟度。

(3)　適期に採種し乾燥させずに播種

■熟度を見定め採種する

ギョウジャニンニクの採種期は、果球の上部の果実が裂開し、下部の果実の色が薄くなり始めた頃が適期といわれている。ギョウジャニンニクの開花は花球の上部の小花から始まり下部に向かって開花が進行する。花球すべての小花が開花するのに数日から一四日程度かかり、果実は開花の早いものから熟すので、全体が熟すには期間を要する。

種子の熟度別発（出）芽率を北海道立十勝農試で詳細に調査した例を示すと表2―6のとおりである。種子の熟度を七段階に分けて三年間調べたものである。年により振れるが、おおむね熟度の程度がⅡ～Ⅳの範囲で発（出）芽率が良いと考えられる。果実が裂開後、日数が経過するほど発芽率は低下し、また、採種時期が早すぎても発芽率は低下した。

種子の熟度と出芽率との関連について、採種部位別出芽率を調べた例を示すと表2—7のとおりである。この結果からは採種部位による出芽率の差はみられないので、ギョウジャニンニクは、果球上部の果実が裂開し、果球下部の果実の色が薄くなり始めた頃に採種して播種すれば、最大の出芽率が得られると考えられる。

■種子は乾燥すると発芽活性を失う

発芽率の高い種子熟度であるⅡ～Ⅳ（表2—6参照）のものを、採種後二～三週間以上室内に放置し乾燥した種子を、冷水に浸漬（流水に二日間浸漬）した場合、ジベレリン処理した場合、両処理とも播種後、発芽、出芽ともまったく認められなかった。このことから、ギョウジャニンニクの種子を乾燥させると、発芽性を失い実用的な価値は消失することになる（一九九六、北海道立十勝農業試験場）。これは、ギョウジャニンニクの種子は採種後播種するまでは乾燥させないよう貯蔵する必要性を示す、貴重な資料と考えられる。

なお、ジベレリン五〇～二〇〇ppm溶液での種子の前処理は若干の発芽率向上が認められた例もあるが、乾燥した種子には無効との例があり、現在のところ種子を乾燥させてしまうと打つ手がないこ

表2−7　採種部位と発芽性

（1992，北海道立十勝農業試験場）

採種部位	未熟果球上部	未熟果球下部	裂開果球上部	裂開果球下部
出芽率（%）	48.0	48.7	57.3	48.0

とを示している。

(4) 生存率を高める麦稈被覆

栽培地の気象条件によるが、播種後降水量が少なく干ばつぎみに推移する地域や、晩秋霜柱が激しくみられ冬期降雪量が少なく土壌凍結する北海道十勝地方では、麦稈の被覆は有効と考えられる（図2―6）。十勝農業試験場（一九九一年）の試験では、麦稈で被覆したときの出芽率は六一・三％で、無被覆の四六・三％に比べて顕著な効果がみられた。また、播種後の気温の高い地方では、地温上昇抑制効果も期待できるため、麦稈や稲わらによる被覆は防寒ばかりでなく防暑対策上も重要と考えられる。しかしながら、降水量が多く日照時間の少ない地域では効果は小さいものと考えられる。

図2－6　麦稈被覆された圃場の出芽
（1999年7月26日）

(5) 覆土は確実に

ギョウジャニンニクは発芽までに長い期間を必要とし、初年目は発芽したまま土中で越冬することが多いので、覆土が浅いと凍上により浮上し土壌から根が離れるため枯死してしまう。土壌凍結地帯での覆土深と生存率の関係についてみると表2—8のとおりである。一センチ区では翌春萌芽時に種子が露出している場合も多くみられたが、出芽個体も多かった。四センチ区では出芽が遅れ、三、四センチ区では生存率が低く、枯凋期後越冬前の鱗茎重は二センチ区に比べ軽くなる傾向がみられた。したがって、覆土は二センチ程度を目安にすることが望ましいと考えられる。

表2－8　覆土深別生存率（平成6年）
（1996，北海道立十勝農業試験場）

処理区別	萌芽始（月日）	生存株率（%）（6月21日）	1鱗茎重（g）（10月4日）
1cm	4.21	42.2	0.061
2cm	22	49.6	0.095
3cm	23	31.9	0.067
4cm	26	31.1	0.077

(6) 鎮圧、べたがけで生存率の向上を

ギョウジャニンニクは他のネギ属作物に比べ種子生産量は少ないため、増殖率を高めるには播種後の生存率をいかに高めるかが重要になる。播種後の生存率を高める耕種的手法として鎮圧、べたがけ、「鎮圧＋べたがけ」処理などが考えられ、これらの有効性について北海道立十勝農試で検討されている（表2—9）。

試験を開始した平成五年には十二月に積雪があり、地下凍結がなかったため、翌春は凍上する株はなかった。そのため、生存率は六五〜七六％で処理による差は認められなかったが、鎮圧区がやや高くなっている。べたがけ区が低いのは地表が盤状に固まって、はがれるためと考えられる。また、「鎮圧＋べたがけ」区の生存率がやや低いのは、鎮圧が強すぎて地表面の土壌の硬化が促進され、出芽が

阻害されるなどの影響によるものと考えられる。

一方、平成六年は積雪が少なく、冬期間の地下凍結がはなはだしく、生存率は全体的に低下した。鎮圧区での生存率は前年同様、他処理に比べ高いものの、土壌の硬化によって鱗茎は球状を示し根量は少なかった。べたがけ区の生存率は一六％と著しく低くなった。この要因は、べたがけすることで日中のべたがけ内の気温が上昇して土壌が融解し、夜には凍結することが繰り返されたために植物体が浮上し、枯死株が増加したためと考えられる。

また、平成五年播種の二年目の株では鎮圧、無処理区で枯死株が二〇〜二五％以上みられたが、べたがけ、「鎮圧＋べたがけ」区では一〜五％であった。

早春の草丈、枯凋後の鱗茎重は鎮圧、べたがけ区で大きかったが、鎮圧区では土壌の硬化により鱗茎は球状に近い形状を呈し根量は少なかった。べたがけ区は生存率がほとんど低下せず、草丈、鱗茎重も他処理に比べ大きく、べたがけ処理により凍上に耐える生育（根量）が確保されたものと考えられる。

なお、べたがけは播種当年は播種後一五日目から翌春四月上旬まで、二年目は十月上旬から四月下旬まで設置した。また、実用的な栽培では堆肥など有機物の施用によって土壌の硬化

表2−9　播種後処理と生存株率
（%）
（1996，北海道立十勝農業試験場）

処理区	播種後1年目		播種後2年目
	普通年	凍上年	
無処理	71.9	34.3	51.9
鎮圧	75.7	46.3	48.1
べたがけ（＋鎮圧）	73.8 (65.1)	16.3 (−)	73.1 (60.0)

〔注〕調査日は普通年：平成6年6月21日，凍上年：平成7年6月24日。

は防止できるため、べたがけは不要と考えられるが、そのような対応ができない場合は必要な技術と考えられる。さらに鎮圧は、耕起で土壌が膨軟になることで断たれた地下水を吸い上げる毛細管現象を発達させ、種子に土壌水分を供給する役目や土壌を砕き均平にし除草剤の効果を高める技術として必要である。また、寒冷地におけるべたがけは播種後の地温を確保するうえで欠かせない技術でもある。

4、生育力を高める栽培の要点

(1) 実生三年で養成畑に植え替える

ギョウジャニンニクの実生栽培の場合、育苗に三年間かかるが、その理由は、一個体重が小さく、移植などの作業に耐えうる大きさに育つのを待つためである。現状における三年目の根株（鱗茎）の大きさは一・一グラム程度だが、三年目茎の鱗茎重別本数分布をみると、三グラム以上の個体は四・五%、二グラム以上では一三%あった（図2—7）。この調査はトロ箱を使用したものであるが、圃場調査では個体の最大値は四・五グラム（図2—8）のものがみられた。この圃場における播種期は平成九年八月十七日であり、播種期や他の条件を整えることにより、さらに収量性は向上すると考えられ

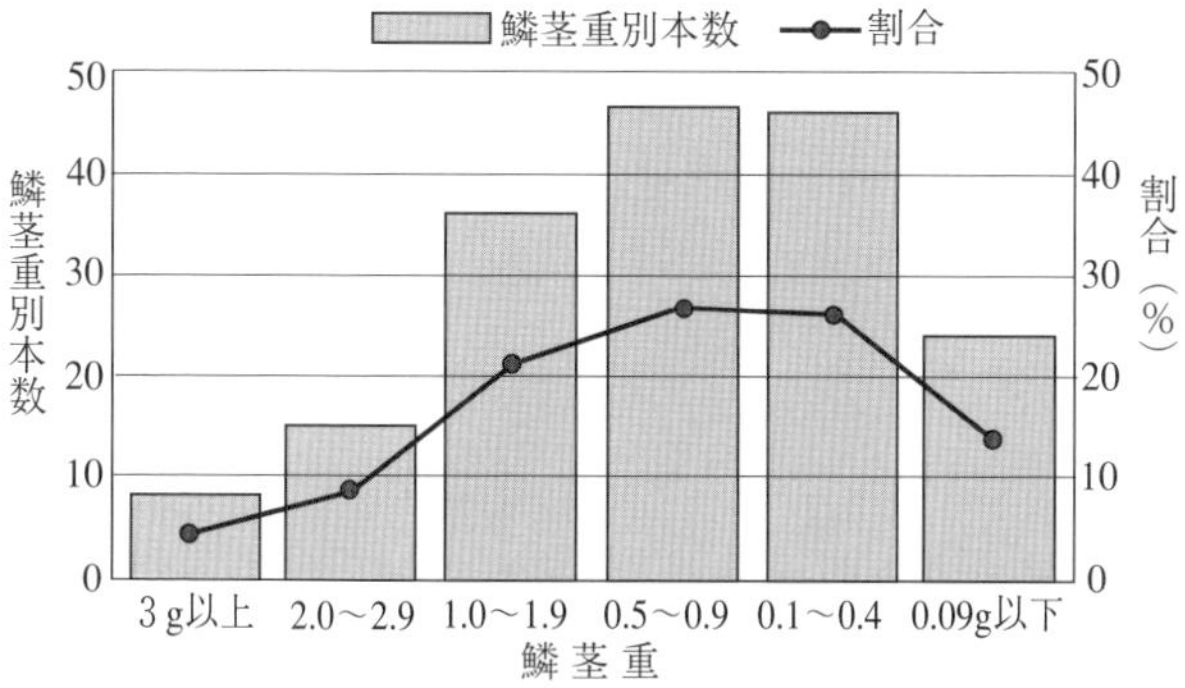

図2－7　3年目茎の鱗茎重別本数分布（1999，井芹）

図2－8　3年目の鱗茎

5本ごとの平均鱗茎重は，左から3.9g，0.8g，1.6g，0.16g。

表2−10　除草剤ペンディメタリン乳剤の処理効果

（1996，北海道立十勝農業試験場）

時期	処理区	雑草残草量 (g/m²)	萌芽始 (平成6年)	生存株率 (%)	草丈 (cm)	鱗茎重
普通年	手取り除草	23	4月23日	51.9	4.6	−
	播種後＋翌春手取り	0	22	52.5	4.7	−
	播種後＋翌春萌芽始	0	22	41.3	4.6	−
	播種後＋翌春萌芽期	0	23	40.7	4.7	−
凍上年	手取り除草	120	−	6.9	−	0.11
	播種後	18	−	26.9	−	0.10
	播種後＋翌春萌芽期	20	−	25.0	−	0.08

〔注〕ペンディメタリン乳剤は400ml/10a散布。調査日は，雑草残草量（普通年/凍上年）：平成6年5月27日/平成7年6月20日），生存株率；平成6年6月21日/平成7年9月20日、草丈：平成6年6月22日/−，鱗茎重：−/平成7年9月20日。

る。

播種後三年目の秋に植え替える理由は、①実生時は個体が小さいため密植ぎみに播種している、②播種方法は散播か条播であるため、三年目には栽植密度や個体生育のバラツキが大きくみられる、③三年前に施用した堆肥の肥効低下などが重なり、根株の増殖性の低下が懸念される、などである。そのため、苗の大きさ別に植え直し、二カ年で軟白用養成株として仕上げることを目的に実施する。

植替えにより養成期における収量性を高め、高収益作物にするには、どうしても播種後三年目の秋に根株を掘り上げ、秋のうちに定植しなければならない。

(2)　育苗期の雑草対策も重要

ギョウジャニンニクの初期生育は、他の作物に比べてきわめて緩慢である。そのため幼苗期間の二、三年間は雑草のないことが望まれる。雑草を手で取る場合は多くの時間を要し、しかも時期を失すると、ギョウジャニンニクの根を傷め生育を阻害することになる。そのため、効果的な除草剤の利用が不可欠になる。ギョウジャニンニクでは未登録であるが同じネギ属のニンニクで実用化されている、ペンディメタリン乳剤（商品名ゴーゴーサン乳剤）の土壌処理効果について北海道立十勝農試で検討されている（表2—10）。

散布時期は、平成五年は播種後雑草発生前（八月三日）、翌春は萌芽開始後雑草発生前（四月二十五日）、平成六年は播種後雑草発生前（七月二十九日）、翌春は萌芽期である。

平成五年播種では各処理区とも翌春まで雑草の発生はなく、その後もほとんど発生しなかった。平成六年播種では凍上害で生存率は低かったが、手取り除草区で著しく低く、播種後、「播種後＋翌春萌芽期」区で高かった。この要因は、手取り除草区は除草の際に根を傷めたためと考えられる。

播種当初の雑草害を回避するためのペンディメタリン乳剤による土壌処理は、除草効果が高くギョウジャニンニクへの影響もまったくなく、実用的な除草剤であることが認められた。

(3)　増収は多めの堆肥施用で

ギョウジャニンニクへの堆肥の施用効果は実生三年目根株で高く、経年根株でやや低下するものの、一〇アール当たり施用量一〇トンまでは直線的に増収する。一〇トン以上の施用では効果は緩慢にな

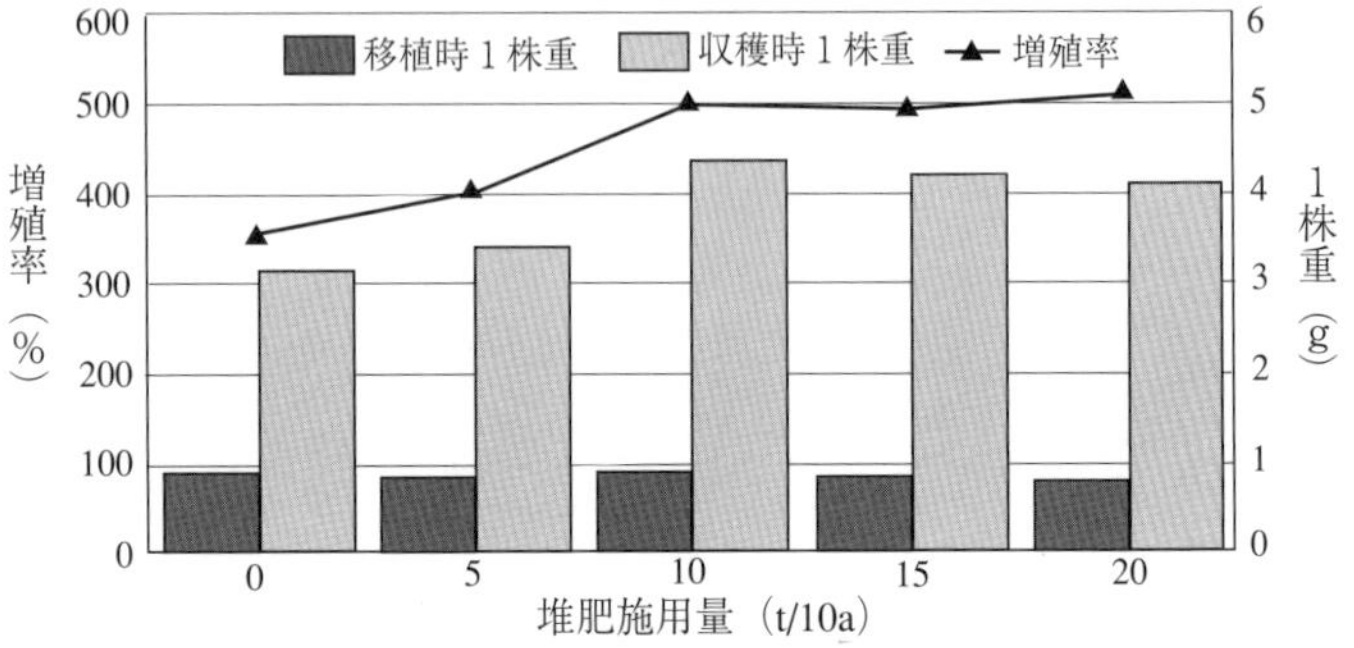

図2－9　実生3年目根株の堆肥施用量に対する反応（0.84m²当たり）
（未発表：1999，井芹）

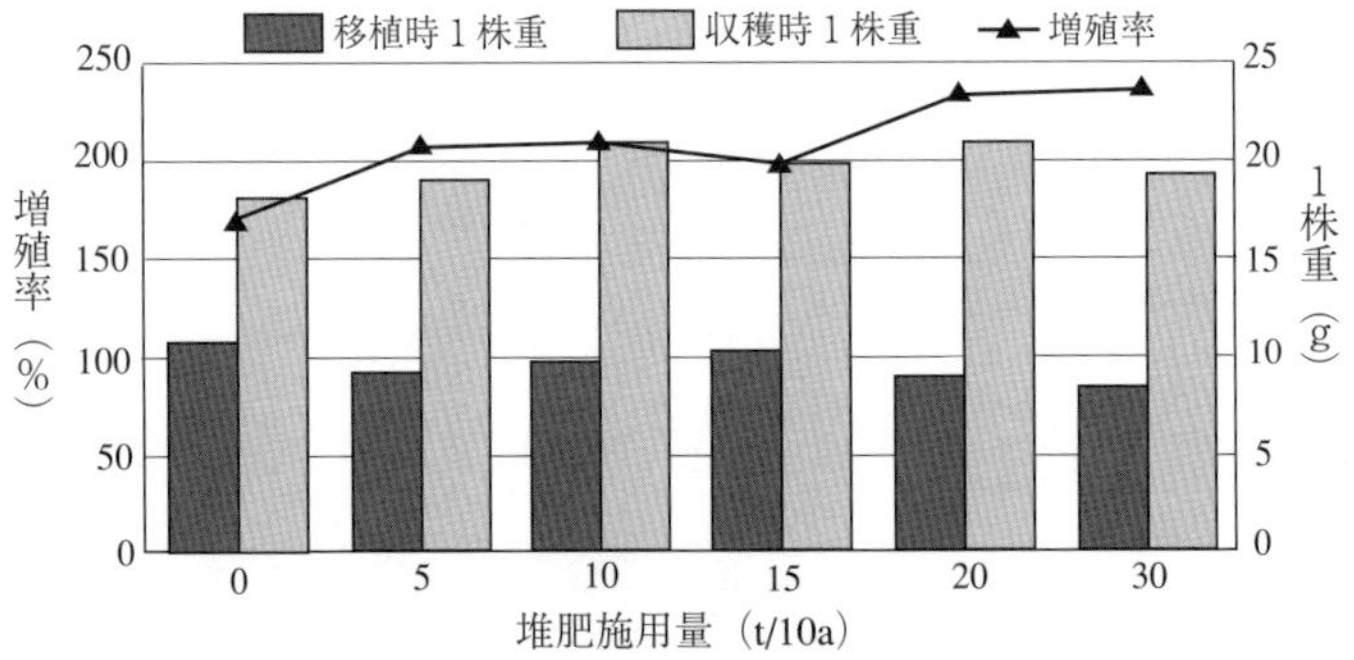

図2－10　経年根株の堆肥施用量に対する反応（未発表：1999，井芹）

るが、それでも高い効果が認められる。堆肥の施用量を増加させた場合、実生三年目根株の場合では最大五倍になるのに対し、経年根株で二・三倍と反応に差がみられる（図2―9、2―10）。このような差は生育ステージの違いによるものと考えられ、実生三年目根株は生長過程にあり、分げつもほとんどみられず抽台もしない。また、ひげ根も少ないため増殖率は高くなりやすいと考えられ、さらに、堆肥の施用量に対応し生育期間は長くなる（葉部の枯凋期が遅くなる）などの複合的効果によるものと考えられる。

堆肥の増殖効果は、養分量の増加による土壌の化学性の改善、有機質増加による土壌の物理性の改善、さらに、土壌の化学性と物理性の改善にともなう微生物相の改善や増加などの相乗効果によるものと考えられる。

ギョウジャニンニクの根株、とくに経年茎の根株にはひげ根が多く、このひげ根に養分が蓄積される。そのため、根株を掘り起こし調査する方法では、定植一年目よりストレスの少ない二年目のほうがより高い効果が期待できると考えられる。

実用場面における堆肥施用量は、堆肥を購入する場合は一〇トン程度とするが、運搬費のみで施用が可能な場合や畜産農家で堆肥の供給量が十分ある場合には二〇トン程度まで施用することが望ましい。なお、施用する堆肥は完熟堆肥とし、毎年施用している圃場では環境汚染の心配もあるので、適宜加減して施用する。

(4) 生産性の高い系統養成が望まれる

ギョウジャニンニクは健康野菜として認知されたが、作物として認知されるには収量性の高いことはもちろん、機能性作物として薬効成分の高いことなどの特性をそなえた、生産性の高い系統養成が急務となる。そのためには各産地から生産性に富む系統を選抜育成することが不可欠の要件となる。選抜の要件などについて現在知られている成果について紹介したい。

■茎葉の産地間における個体間差異

茎葉の産地間別個体差についての研究では、葉長が大きい産地は葉幅も大きい、すなわち、葉の大きさには産地間に差が認られている。また、葉の形にも産地間に差があることがうかがわれると報告されている。これは、北海道立十勝農業試験場の「ギョウジャニンニクの特性と栽培法」の研究のなかで調査されたものである。

北海道各地域より採取し同一条件で養成した一九産地の個体群について、四年間、最上位葉と第二葉の葉長、葉幅、葉長／葉幅比について分散分析を行なったところ、各葉位とも、葉長、葉幅について〇・一％水準で有意であった。また、第二葉の葉長／葉幅比は一％水準で有意であり、これらの形質は産地によって違いがあることを示している。

■萌芽期、開花期の産地別差異

萌芽期、開花期についても産地により差があることが認められている。四年間にわたる各産地の個体群の調査における萌芽期では平均三・八日、最大一二・三日の差が認められ、開花期では平均五・九日、最大一〇・三日の差が認められた。

■形質と生産性は関係する

さらに、これまでに調査された一九産地の個体群について二四項目の形質を分析したところ、萌芽期の差は葉鞘長、各葉長、葉幅、鱗茎重と正の相関があり、萌芽期が遅いほど大きな値となった。展葉期の差は普通葉数、第二葉、第三葉の葉長／葉幅比と負の相関があり、展葉期が遅いほど普通葉数は少なく、葉形は丸くなった。葉鞘長、各葉長、葉数、鱗茎重は相互に正の相関があった。鱗茎増加率は最大鱗茎重、平均鱗茎重と負の相関関係があり、最大鱗茎重、平均鱗茎重が大きくなるほど鱗茎増加率は小さくなった。

■産地間の収量性の違いが明らかに

ギョウジャニンニクの収量性について、五産地の系統を使用し最終生産物である軟白茎の生産性について北海道立十勝農試で検討されている。その結果では、上物収量は一アール当たり三八・七～六九・六キログラムと産地により約一・八倍の差がみられ、一本重では三・一～七・〇グラムと二・二倍と大きな差がみられた。また、一本重が重く、一株当たり本数があまり多くないものが収量性が高い傾向がみられた（表2―11）。

この調査で判明したように産地間、すなわち、系統により収量差ばかりでなく、一株当たり本数にも明瞭な差が存在していることが判明した。さらに、軟白茎の重さである一本重は、出荷を目的とした場合、格付けの目安となるばかりでなく、作業性にも影響を与えるため、系統を選定する大きな指標になるものと考えられる。とくに、この試験の供試株は北海道薬用植物栽培試験場が収集し、三～四年ごとに株分け移植を繰り返してきた個体間のバラツキは小さいものであるため、根株選抜上の重要な意義を示している。

表2－11　産地別軟白特性

（1992，北海道立十勝農業試験場）

産地	1本重(g)	1株当たり本数(本/a)	上物本数(本/a)	上物収量(kg/a)
KF	5.8	2.3	9,042.4	51.9
KU	5.5	2.6	10,365.9	56.8
NY	3.1	3.2	12,722.2	38.7
SH	4.6	2.3	9,081.7	41.8
ST	7.0	2.5	9,890.8	69.6

■育種目標を設定し選抜する

各地から集められた個体群には形態や生産性に差が存在することから、選定の目標値を明確にして選抜することになる。

選抜基準の第一は収量性で、なかでも収量、次いで一株当たり本数すなわち分げつの少ないもの、鱗茎色の赤紫色なものなどが重視される（軟白したときに赤紫色になる系統と青になる系統がある〈図2―11〉）。このような収量性とあわせ、形態的な特徴である葉鞘長、各葉長、葉数、鱗茎重は萌芽期の早晩と互いに関係しており、これらも選抜上見落とせない要素となる。

産地を同じくする個体群であっても，生産目的に添った選抜により，生産性の高い系統を造成することは可能と考えられる。系統造成に当たっては，手持ちの系統から選抜目的に添った形態を選別す

図2－11　鱗茎の葉鞘茎の色の変異

左側が赤紫色系で，軟白したときに赤紫色になる。

図2－12　同一系統を茎数別に栽培した1年後の分げつの状況

左から，1茎は2茎に，2茎は4茎に，3茎は6茎に，4茎は8茎以上に分げつしている状況。

ることから始めることになるが、同一系統のみによる種子繁殖は近交弱勢の影響を受ける恐れがあるため、複数産地の系統を導入し増殖する必要がある。

図2－13　不定芽の時点から分げつ茎が認められた例
(1999.10.11)

図2－14　萌芽期の早晩性
萌芽の早い系統（左）と遅い系統（右）（根室地方中標津の例)。

図2－16　個体間差のある普通葉

右上：普通葉が丸形で花茎が2茎のもの，左：普通葉が長方形の細葉のもの，右下：普通葉に光沢がみられるもの（左）とみられないもの（右）。

図2－15　経年茎にみられる6葉の個体

ギョウジャニンニクの形態的変異について、鱗茎および茎葉からみた場合を写真で示したのが図2—12〜16である。

5、軟白化は付加価値を高める

(1) 薬効・栄養価値は出葉始めが最も高い

ギョウジャニンニクの薬効成分は、全長一五〜二〇センチ前後で、白い茎三、赤い茎三、緑の葉部三の比率のときがいちばん高いとされている。ギョウジャニンニクは食味が良いことで知られているが、当然、機能性成分である含硫アミノ酸成分の高いことが求められる。どのような要因で成分変動が起きるのかについて、北海道立食品加工研究センターにより、アリナーゼ活性とビタミンC含量について解析されている。

■産地による成分量の違い

産地別アリナーゼ活性値は表2—12のとおりで、平成六年はKFが最も多く、一〇〇グラム当たり五五八ミリグラムであり、STが最も低く三七八ミリグラムであったが、平成七年はKF一〇〇ミリグラム低い値を示し、STについては二〇〇ミリグラムも多くなっていた。また、平成七年はNYが最も多く六七六ミリグラムも含有されていた。

ビタミンCについても、NYは平成六年は一〇〇グラム当たり二二ミリグラムしか含まれていなかっ

表2－12　産地個体群別の成分（mg/100g）

（1996，北海道立食品加工研究センター）

産　地		KF	KU	NY	SH	ST	TU
アリナーゼ活性	平成6年	558	540	492	448	378	－
	平成7年	448	547	673	417	575	430
ビタミンC	平成6年	64	37	22	41	40	－
	平成7年	85	86	85	71	71	72

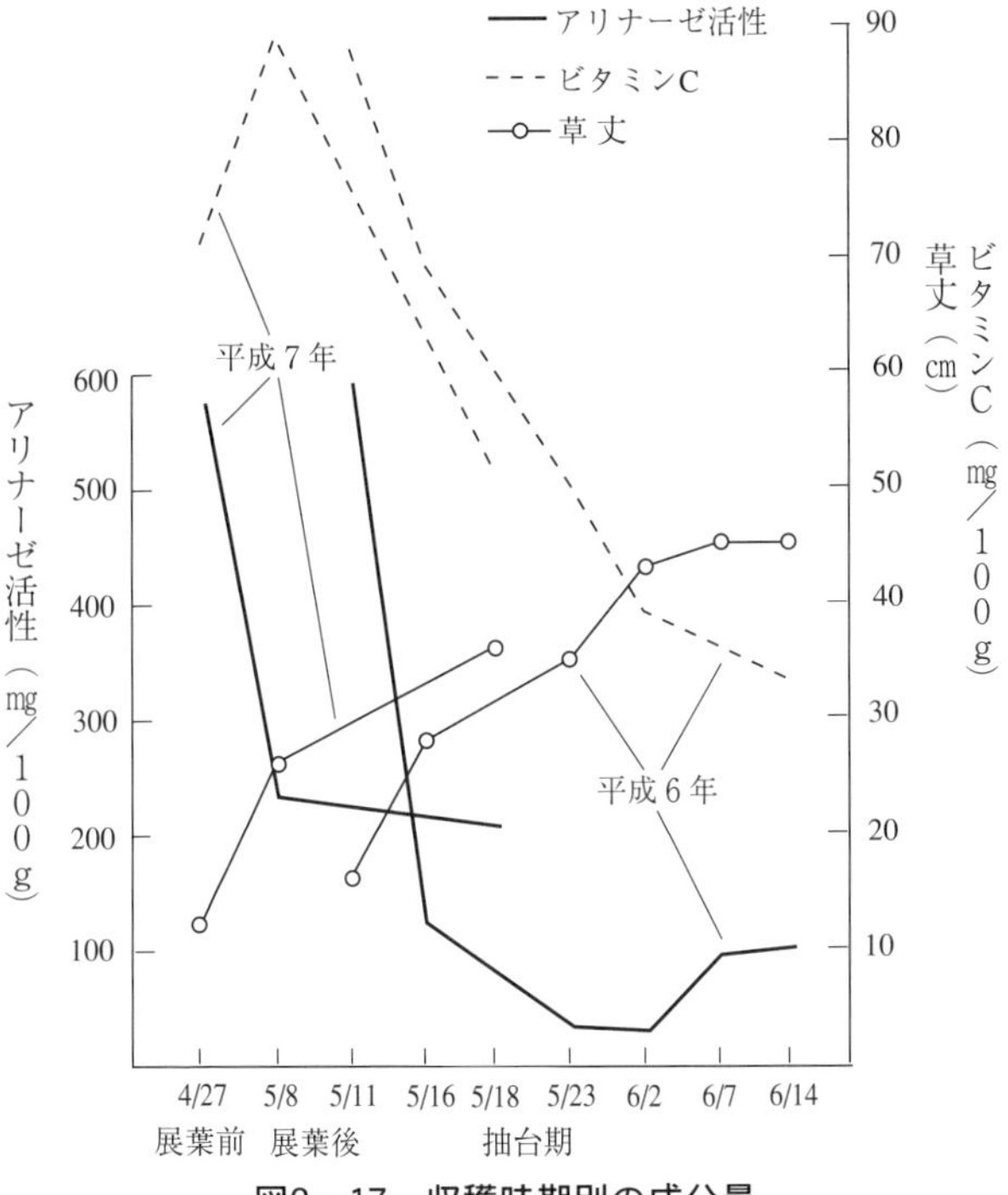

図2－17　収穫時期別の成分量

（1996，北海道立食品加工研究センター）

たのに対し、平成七年は八五ミリグラムと四倍近い値となった。これらの成分は年次によって変動が大きく、産地間差は判然としなかった。

■収穫時期別の成分量

収穫時期別成分量をアリナーゼ活性値でみると、図2―17のとおりで、五月十一日に適期として収穫されたものは五九三ミリグラムあるのに対して、五月二十三日の抽台期頃収穫したものでは三二ミリグラムと急激に減少し、その後若干増加した。平成七年の結果も前年同様で、展葉前には五七五ミリグラムを示したが抽台期には二〇九ミリグラムと減少した。

また、ビタミンCについては、平成六年の結果では展葉前には八八ミリグラム含まれていたが抽台期には五〇ミリグラム、平成七年の結果では展葉前には八九ミリグラムあったが抽台期には五一ミリグラムと減少した。なお、ビタミンCが産地や年次により差がみられた要因の大きなものは、収穫生育ステージの違いと考えられている。

ギョウジャニンニクの収穫期は、アリナーゼ活性も高く、薬理成分も多く、ビタミンCも多く含まれる出葉開始期と考えられる。

(2) 鱗茎重と軟白茎の生産性

ギョウジャニンニクの特性を生かした軟白方法が求められる。伏込み軟白法では、根株を掘り上げ

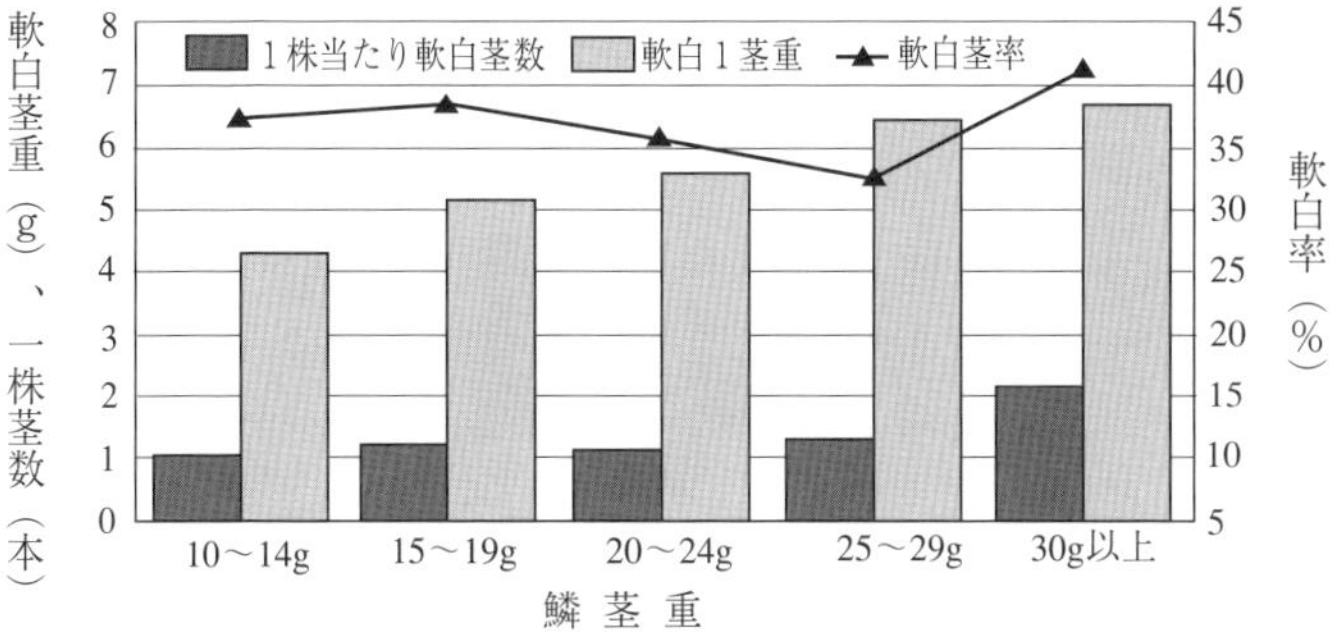

図2－18　鱗茎重別軟白茎の生産性（未発表：1998，井芹・乾）

て高密度で寄せ植えでき、しかも根株を低温貯蔵することにより、随時加温して軟白茎を生産することが可能になる。この場合、根株の大きさをそろえることにより作業性が著しく向上する。

鱗茎重別軟白茎の生産性について検討した結果では、鱗茎重が大きくなるにつれ、一株軟白茎重、軟白一茎重ともに重くなる傾向がみられたが、軟白一茎重は一株軟白茎重ほど大きな差はみられなかった（図2―18）。すなわち、鱗茎重一〇～一四グラムの一茎軟白重が四・三グラムなのに対し、鱗茎重三〇グラム以上の軟白一茎重は六・八グラムであり、鱗茎重が三倍なのに対し一茎軟白重では一・五倍程度にしかならなかった。

それは、鱗茎重が重くなるにしたがい、根株の茎数が複数になる株が増える結果と考えられる。また、鱗茎重に対する軟白茎率は三二～四一％とバラツキがみられた。この試験の場合、鱗茎重にはひげ根を含んでおり、ひげ根の付着の程度により差が現われたものと考えられる。

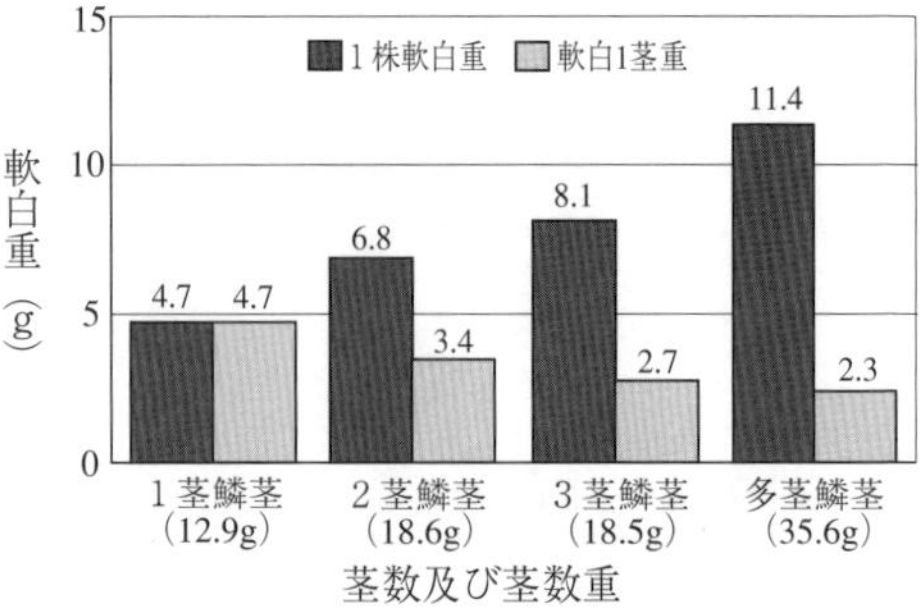

図2－19　1株の茎数別軟白茎の生産性

（未発表：1999，井芹・乾）

(3) 鱗茎の茎数と軟白茎の生産性

ギョウジャニンニクの増殖率は緩慢なため、多分げつ茎個体の増殖をすすめる方もみられるが、鱗茎重が大きい場合でも茎数が多くなると一本当たり軟白茎重は小さくなり、作業性が低下するばかりでなく、販売単価は低下し経済的な損失も生じる。

このような意味からも、一株茎数別軟白茎の生産性を知ることは、根株増殖方針を決めるうえから重要な意味をもっている。茎数別軟白茎の生産性は、茎数の多い根株は重くなり軟白茎生産量も多くなるが、一茎軟白重では茎数に対応し軽くなる傾向がみられた（図2―19）。一茎株の軟白重四・七グラムに対して、多茎株は二・三グラムと半分以下であった。なお、軟白率は茎数による大きな差はみられなかった。

(4) 伏込み床資材はもみがらがよい

伏込み床資材についても北海道立十勝農試で検討されている。床にはおがくず、もみがら、土を使

表2－13　露地軟白栽培における軟白資材の適応性

（1992，北海道立十勝農業試験場）

軟白資材	上物収量 (kg/a)	上物本数 (本/a)	1株当たり本数 (本)	1本重 (g)	全長 (cm)	葉鞘長 (cm)	葉鞘径 (cm)	軟白長 (cm)	葉数 (枚)
不使用	57.4	10,185.2	2.5	5.6	19.8	6.3	0.8	－	2.3
もみがら	**74.4**	8,740.7	2.6	8.5	32.0	18.1	0.8	17.9	2.1
おがくず	41.9	5,319.9	2.5	8.0	32.0	17.6	0.8	19.1	2.1
土	3.0	296.3	2.4	9.0	29.3	14.2	0.9	19.6	2.1

表2－14　軟白資材もみがら床の厚さによる収量性の違い

（1992，北海道立十勝農業試験場）

もみがら床の厚さ (cm)	上物収量 (kg/a)	上物本数 (本/a)	1株当たり本数 (本)	1本重 (g)	全長 (cm)	葉鞘長 (cm)	葉鞘径 (cm)	軟白長 (cm)	葉数 (枚)
0	94.9	11,740	2.9	8.1	12.0	9.0	0.7	2.3	2.5
6	78.1	12,074	3.0	6.5	**16.8**	12.6	1.0	5.4	2.5
12	92.3	11,000	2.8	8.4	19.8	16.1	1.0	10.8	2.7
18	139.2	11,222	2.9	12.4	24.2	19.1	1.0	14.3	2.8

用し、床の厚さを一八センチにし、葉の先端が軟白資材から出たときを収穫時期として比較している。

その結果、一アール当たり上物収量は、もみがら七四・四キログラム、不使用五七・四キログラム、おがくず四一・九キログラム、土三キログラムの順で、軟白資材により収量性は大きく変動することがわかった（表2－13）。土を用いた場合、新葉の伸長が止まり、極端に屈折したものが多くみられた。おがくずを用いた場合、収量性が低いばかりでなく、曲がりなどの障害のほか、おがくず臭や、おがくずが葉鞘内に入り込むなどの問題点もあった。なお、無処理の場合は、茎に白色の部分が少なく、商品価値が劣るものと考えられた。もみがらは、障害の発生も少なく、収

表2－15　ひげ根切断の有無と軟白茎の生産性

（未発表：2000，井芹・乾）

区名	軟白開始前の処理状況（平成11年11月21日）			処理株数	軟白終了時の状況（平成12年1月29日）				処理前鱗茎重に対する軟白茎の割合（%）	処理後鱗茎重に対する軟白茎の割合（%）
	鱗茎重（g）（鱗茎＋ひげ根）	切除ひげ根重（g）	切除後鱗茎重（g）		鱗茎重（g）（鱗茎＋ひげ根）	軟白茎重（g）	軟白茎数	軟白1茎重（g）		
ひげ根無切除	156.0	－	－	10	141.5	64.4	11	5.9	41.2	45.5
ひげ根50%切除	162.9	24.4	138.5	10	132.7	59.4	11	5.4	36.4	44.7
ひげ根90%切除	143.8	59.3	84.5	10	74.7	41.2	10	4.1	28.6	55.1

〔注〕経年茎使用，加温開始平成11年12月29日，終了平成12年1月29日。

穫後の処理も容易で、軟白資材として有効であった。

また、同じ条件でもみがら床の厚さを〇、六、一二、一八センチとかえて検討されている。その結果は、もみがら床が厚くなるほど、全長、葉鞘長、軟白長は長くなった（表2―14）。軟白茎の出荷荷姿はトレイにのせてラッピングするので、軟白茎長は二〇センチ程度が限界であり、露地軟白の場合、もみがらの厚さは六センチ程度が適当であると考えられる。

(5)　ひげ根は軟白生産の効率を高める

伏込み軟白の場合、ひげ根が少ないほど作業性は高まる。ひげ根の除去割合と収量性との関係について検討した。実施方法はひげ根無切除、ひげ根五〇％程度切除、ひげ根九〇％程度切除の三処理を設定した。

軟白終了における軟白茎重、軟白一茎重は、ひげ根無切除、ひげ根五〇％切除、ひげ根九〇％切除の順で軽くなる

図2－20　ひげ根切断と軟白茎（1999.11.3，井芹）
鱗茎のひげ根を切断し（上），軟白栽培し（中），調製したもの（下）（各写真左から，ひげ根無切除，ひげ根50％切除，ひげ根90％切除）。

傾向がみられた（表2―15）。また、処理前鱗茎重に対する軟白茎の割合はひげ根無切除四一・二％に対し、ひげ根五〇％切除三六・四％、ひげ根九〇％切除二八・六％と生産効率が急速に低下する。この結果から、伏込み軟白の場合、ひげ根の軟白生産に及ぼす影響は大きいことがわかる。

軟白茎を伸長させるためには多くの貯蔵エネルギーを必要とするものと考えられ、この経過を写真でみるとよくわかる。軟白前のギョウジャニンニクは、図2―20上のように充実した鱗茎とひげ根のようすがみられる。軟白後のひげ根の状況は図2―20中のとおりで、ひげ根が大幅に消失しており、はかま（古い葉鞘部）、茎盤部とひげ根を外した軟白茎（出荷のできるギョウジャニンニクの状態）は、図2―20下のように、ひげ根無切除に比べひげ根五〇％切除、ひげ根九〇％切除とも鱗茎分はやせ衰えている状態がみられる。このことから、軟白茎生産に要するエネルギー源は鱗茎本体とひげ根であることが証明できるものと考えられる。

第3章　栽培の実際

1、採種用母本畑の設置

実生栽培のポイントは採種用母本、または種子の確保が出発点になり、次に優良系統の選抜できる体制の構築が重要になる。

(1) 系統間交配が可能な配置を

栽培を軌道に乗せるためには優良種子を確保することから始める。現在のところ確定した品種は作出されていないが、ギョウジャニンニクの軟白茎生産量は産地間に差がみられることや、形態的な特徴である萌芽期の早晩や葉鞘長、葉数、鱗茎重、一株鱗茎数は互いに関係しており、このような形質を選抜できるように配置した栽培が必要になる。また、種子生産は栽培の基礎であり、生産された種子の生産効率は、ギョウジャニンニク栽培の成果に関係する。

ギョウジャニンニクは、自家受粉させた場合、結実し発芽もするが生存率はすこぶる不良である。近交交配においても放任交配に比べ、生存率、生育量である草丈、鱗茎重とも低いことから、近交交配により近交弱勢の影響が考えられ、注意しなければならない。なお、自生地におけるギョウジャニンニクの繁殖は、分げつや不定芽によるもので、種子からは一％程度といわれている。

そのため、現状では放任交配による採種がすすめられているが、実践段階では複数以上の産地から形態的に類似する系統導入が望ましい。

採種母本圃の定植に際しては、他系統との受精ができるよう配置し、活力ある種子生産を行なうことが必要になる。配置の方法は系統ごとに図3—1のように定植する。このように定植すると系統(産地、品種)が不定芽により混ざりあうことを防ぐことができ、系統(産地、品種)としての特性をいつまでも保持することができ、さらに、このなかに形質的に優れたものがあれば選抜することも可能になる。

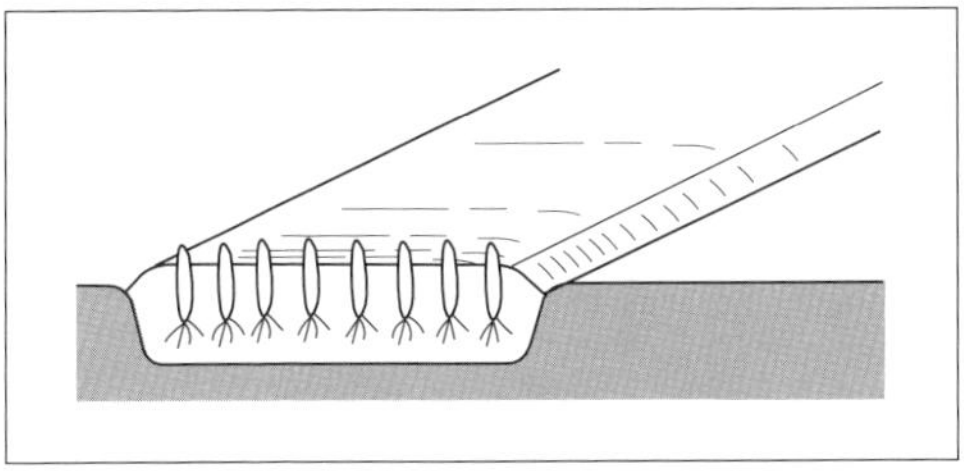

図3－2　鱗茎（根株）の仮埋め

図3－1　採種用母本圃の配置方法

(2) 休眠中に掘り取り、すぐ定植

母本株の掘取りはギョウジャニンニクが枯れ上がったのち、休眠期間中に行なう。掘取りに際しては、ひげ根を取り除いたり、傷めたりしないようていねいに扱う。掘り上げた株は定植までの間、仮埋め貯蔵をしておく(図3—2)。この場合、ギョウジャニンニ

クは晩秋に萌芽葉を伸長させるため、横にすると上方に伸びようとして湾曲するため、鱗茎（根株）はまっすぐに立てるよう心がける。

また、ひげ根には不定芽や不定芽が生長した二年目の小苗がみられる。これらもていねいに採取して系統（産地、品種）名を付して小苗用定植床に大きさごとに植え付ける。

ギョウジャニンニクは、改植はもちろん、導入時においても、掘り取り後ただちに植え付けることが原則になる。仮埋め苗や導入苗を使用する場合はひげ根を乾かさないように注意し、生育が停滞しないようにする。ギョウジャニンニクは鱗茎のため、ひげ根を取り除いても枯死することはないが、生育は停滞する。植付け時期は鱗茎掘り取り後の十月が適しているが、作業の手順上、春になる場合には秋のうちに定植圃を準備しておき、雪解け後、圃場が乾き次第、植え付ける。

(3) 栽植間隔はやや広めにとる

栽植密度は長期間、改植する予定がない場合には広く定植する。また、同じ形質の個体選別を目的にする場合や自生地から採取したバラツキのある個体群の場合には、その後の選別が容易になるようやや広く植え付ける。栽培例を示すと、母本用ギョウジャニンニクを四条植え、条間三〇センチ、株間一〇~一五センチ程度で定植した例では、一一九株（平成九年四月二十九日）を定植し、三年目の秋に改植するため調査したところ、二一八株（平成十一年十月七日）に増加していた。増殖率が緩慢

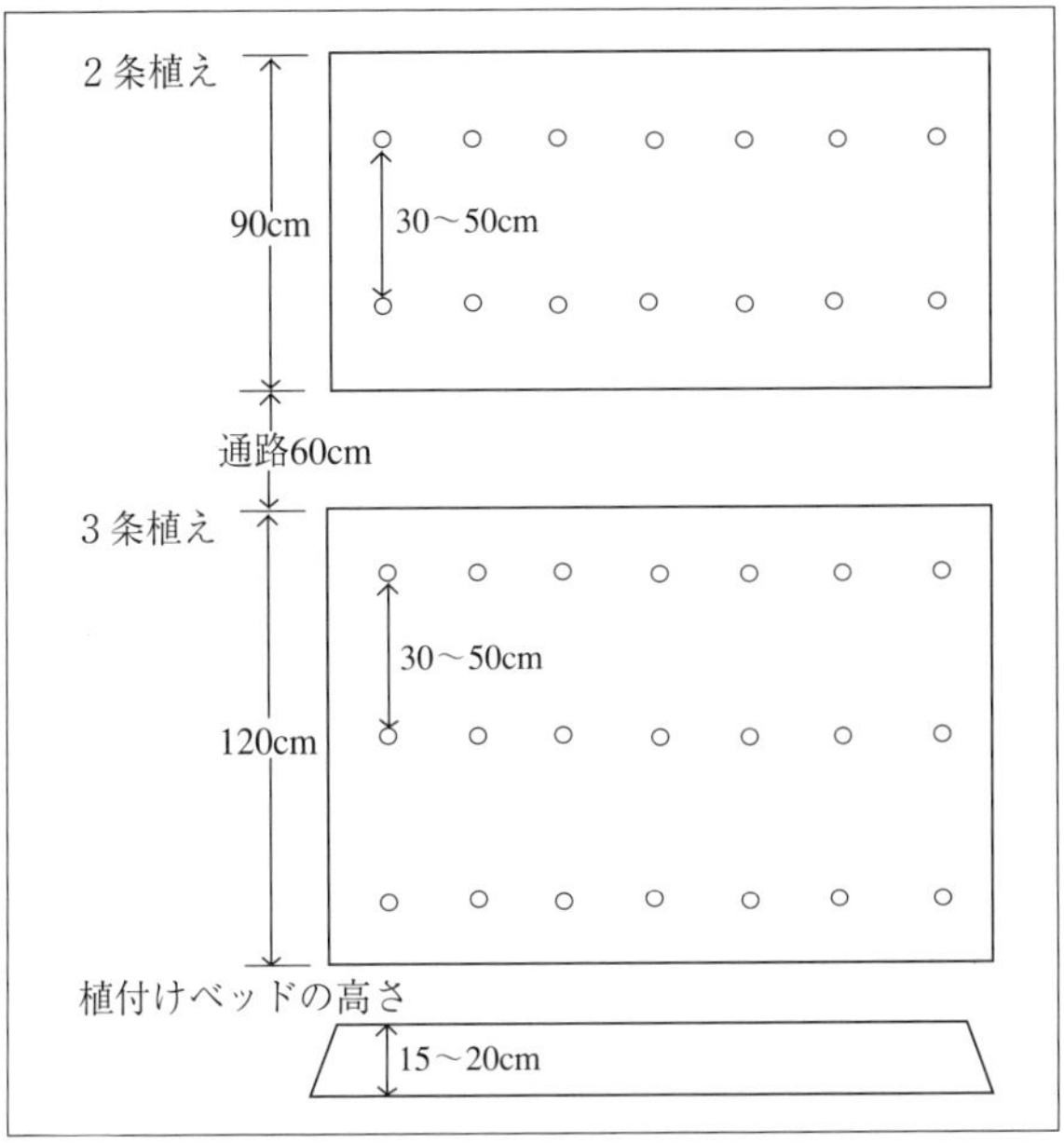

図3－3　採種用母本の植付け方法

といわれるギョウジャニンニクだが、この程度には増加する。

定植時の密度はとくに基準はないが、利用目的に沿った間隔とする。定植方法は二条植え、三条植え、四条植えなどがあり、保有株数や圃場条件に応じて設定する。栽植密度は条間三〇～五〇センチ、株間一五～三〇センチ程度とすると、その後の管理がしやすくなる（図3—3）。

定植位置（深さ）は、苗の大きさにより異なるとともに、土壌の質にもよるが、経年茎一二センチ前後、実生三年茎八センチ前後とする。

(4) 早めに畑を準備、堆肥は多めに

採種用の母本は一度植え付けると数年以上にわたり植え替えしないため、堆肥などの有機質を十分に施す。施用量は堆肥の場合で一〇アール当たり一〇トン（一平方メートル当たり一〇キログラム）程度とする。ギョウジャニンニクの根は浅根性のため、堆肥の施用は表層とし、耕起深二〇センチ以内で均等に混合できるようにかくはんする。栽培面積は、保有母本数や将来確保すべき母本数により決定する。

定植圃場は少なくても定植一カ月前までには準備を終わらせる。前述のとおり堆肥をたっぷり施用し整地したのち、雑草対策として頃あいをはかり、作土の表面をロータリーハローなどで一～二度、かくはんする。

採種母本株の施肥反応は高く、施肥により採種量は向上するため、堆肥をたっぷり施用した場合でも、堆肥で不足する養分は化学肥料で施用する。定植時に一〇アール当たり窒素—リン酸—カリを五—二〇—一五キログラム、翌年以降、萌芽期に五—一〇—五キログラム施用する。改植後の年次が経過するにともない、鱗茎の充実や分げつによる株数の増加で採種量は著しく増加するが、これらは施肥により助長される。単肥の場合、肥料の種類は窒素では硫安、リン酸では過リン酸石灰、カリでは硫酸カリ、化成肥料では硫黄を含む通称「Sもの」肥料を使用する。

2、母本の管理と採種

(1) 雑草発生前に除草剤を

定植後の雑草対策は、除草剤を主体に手取り除草を組み合わせ、よぶんな労力をかけないよう実施する。

除草剤には、一年生雑草対策としてペンディメタリン乳剤三〇％(商品名ゴーゴーサン乳剤30)を、雑草発生前に土壌処理する方法がすすめられており、処理量は一〇アール当たり四〇〇ミリリットル(ニンニクでは三〇〇～四〇〇ミリリットル)とする(ギョウジャニンニクでは未登録)。

イネ科雑草に対してはセトキシジム乳剤二〇％(商品名ナブ乳剤)などがある。ヒエなどのイネ科雑草の三～五葉期に使用すると有効であり(ただし、スズメノカタビラには効果がない)、使用量は一〇アール当たり一五〇～二〇〇ミリリットルである(ギョウジャニンニクでは未登録)。

採種用母本圃場の場合、定植時期は十月上旬前後になる。この時期に定植する場合には、ペンディメタリン乳剤三〇％を雑草発生前に土壌処理をしておくことが雑草対策上無難である。越年後は毎年、雑草発生前に処理する。除草剤処理で残った雑草は早めに手取りする。雑草が大きくなり、除草の際

図3－4　天候（受粉のよしあし）による結実の差
上：長雨などにより受粉できず結実しなかった球果。中：部分的に受粉せず未結実の小花痕跡が残っている球果。下：十分に受粉が行なわれた充実した球果。

に土壌が動く場合には、そこからの雑草の発生を抑えるために、その都度、ペンディメタリン乳剤三〇％を散布すると効果的である。

(2)　多雨地域は受粉促進に雨よけを

採種量を左右する要因の一つとして開花期の天候がある。ギョウジャニンニクの開花は、数日から二週間程度と比較的長期にわたる。そのため、開花が梅雨時期と重なる地方では、雨よけ対策が必要になる。北海道の場合、梅雨がないためあまり問題にならないが、それでも開花期に長雨が続くと受粉できないため、結実不良の個体がしばしばみられる（図3―4）。

図3―4上はほとんど結実しなかった球果であり、図3―4中は部分的に受粉せず、小花の痕跡が残っている球果である。ギョウジャニンニクの開花時には、ハナバチなどのハチ類ばかりでなく、ハエ類も多数飛来する。ギョウジャニンニクは昆虫の助けにより受粉する虫媒花のため、開花期が天候に恵まれると図3―4下のような充実した球果が生産される。

(3) 種子は適期採取で熟度をそろえる

ギョウジャニンニクの開花は、花球の最上部の小花から始まり下部に向かって進行する。開花は数日から二週間かかり、果実は開花の順にしたがって熟す。そのため、採種時期は球果上部の果実が裂開し、下部の果実の色が薄くなり始めた頃が適期といわれている。

北海道立十勝農業試験場によって示されている種子熟度の目安は図3―5のとおりである。種子熟度Ⅰ（図3―5上）、種子熟度Ⅲ（同中）、種子熟度Ⅵ（同下）であり、種子熟度Ⅴ以上では過熟で出芽率は低下するため、種子の熟度Ⅱ、Ⅲ、Ⅳの範囲で収穫しなければならないと考えられる。

ギョウジャニンニクの種子熟期は気象条件、系統（産地・品種）などにより異なるが、七月中旬から八月上旬前半頃になる。

図3−5　球果の種子熟度

上：種子熟度Ⅰで未熟。中：種子熟度Ⅲで採種適期。下：種子熟度Ⅵで過熟。

ギョウジャニンニクの種子は、乾くと発芽率は極端に低下し実用性を失う。また、低温（五℃）貯蔵で一年経過した種子は、当年種子に比べ発芽率が四〇％程度低下したことが報告されている。当年中に発芽または出芽させるためには、種子熟度がⅡ〜Ⅳの範囲内の種子、すなわち果実の色は黄緑、裂果前で種子の色は黒の状態から、果実の色は黄褐、裂果後で種子の色は黒で裂果、「しわ」ができる前までの種子を採りまきすることをすすめている。

しかし、球果の熟度はそろわないため、同一熟度での採種はできにくい。そのため、大量に処理す

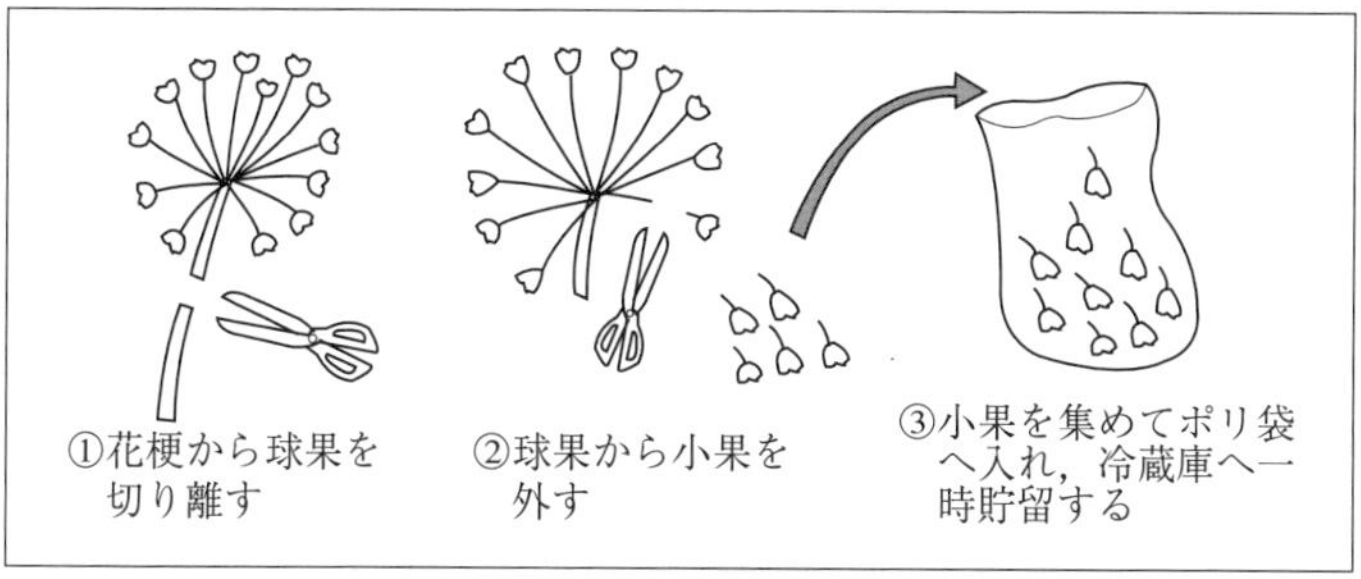
①花梗から球果を切り離す
②球果から小果を外す
③小果を集めてポリ袋へ入れ，冷蔵庫へ一時貯留する

図3－6　球果採取後の処理手順

るには花房上部の果実が裂開する頃を見計らい、熟度の同じ程度のものを球果ごと採種し、小果をはさみなどで外して冷蔵庫に保管する（図3―6）。

なお、冷蔵庫に保管する場合、乾燥しないよう湿らせた新聞紙などで包み、ポリ袋に入れて貯蔵する。夏期冷涼な地帯では、乾かさないようにすれば冷暗所でも保管できる。一週間程度であれば、冷暗所に保管しても腐敗することはない。

(4) 採種量は一平方メートル当たり一万粒も可能

実生から育てた場合、抽台は四年目以降に認められ、抽台株は経年化とともに増加し、六年目株の抽台率は六八％であったと報告されている。また経年茎を定植（改植）した場合も同様に、年数が経過するにしたがい採種量は増加する。経年化とともに鱗茎数の増加と鱗茎の充実にともなって、球果数が増加し、一球果当たり小果数が増加するため、種子粒数は飛躍的に増加する（図3―7）。

筆者らの調査では、一平方メートル当たり定植（改植）株数四〇株

図3−7　球果と小果のおよその数
左から，小果数100（1小果粒数2.5粒），小果数70，小果数50，小果数20。

の初年目の採種球果は七株、一球果当り小果数は一二・一、一小果当たり粒数二個で、種子総数は一六九粒であったが、三年目の採種球果は七八株、一球果当り小果数は四八・四、一小果当たり粒数二個で、種子総数は七五〇〇粒と四四倍に増加した。定植（改植）三年目以降の根株に対し施肥水準を変えることにより、飛躍的に採種量が向上するため、圃場条件によっては一平方メートル当たり一万粒程度は確保できるものと考えられる。

3、育苗畑の準備と播種

(1)　実生栽培のポイント

実生栽培のポイントは、①採種用母本および種子の確保、②播種後三年間における育苗管理、③定植後二〜三年間の根株養成期における管理、である。これらが順調にいけば、最短五年間で軟白茎生産が可能になる。とくに、五年で軟白茎生産に耐えうる大きさに生育させるには、当年中に発芽させることにつきる。播種当年に発芽しない個体が多い場合には、軟白茎生産は確実に一〜二年は遅れる

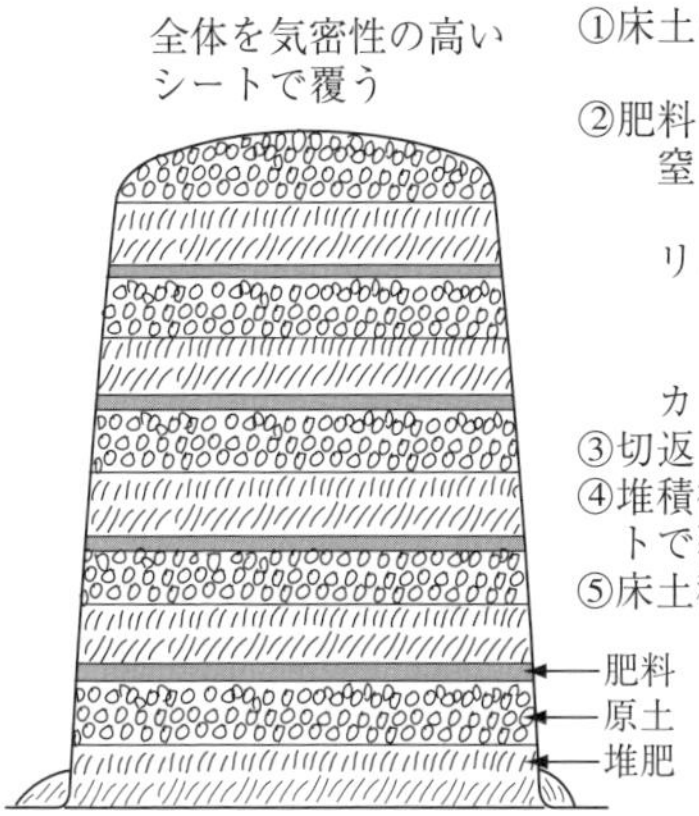

①床土の積込み方：堆肥１対原土１（無病土）
②肥料（１m³当たり）
　窒　素：200g（石灰窒素では1,000g，硫安では950g）
　リン酸：600g（ダブリンでは1,714g，ヨウリンでは3,000g）
　カ　リ：200g（硫酸カリ400g）
③切返し：月に２回（７，８，９月）
④堆積後の被覆：気密性の高いシートで覆う
⑤床土積込みの手順は左図

図3－8　堆積床土のつくり方（小規模栽培の場合）

ことになる。さらに、育苗期、根株養成期をとおしての肥培管理、雑草管理が、軟白茎生産の開始年限、または開始後の生産量に大きく関与することになる。

(2)　三年間の使用に耐えうる畑を準備

ギョウジャニンニクの実生栽培は播種当年を含め三カ年間を育苗期間とし、植替えをしないため床土の準備は入念に行なう。床土の良否は育苗期間の生育に大きく影響する。良い床土の一般的な条件は、①通気、排水、保水力に富み、根の活動に好適な物理性をもっている、②実生圃場には堆肥を十分施すことにより、養分補給とともに、土壌の膨軟化により、ひげ根の伸長を促し、収量と収穫時の作業性を確保できる、③土壌昆虫や病気の発生の恐れがない、である。

小規模栽培の場合は、図3―8のように堆積床土をつくり、深めの育苗箱やトロ箱に播種する。堆積床土

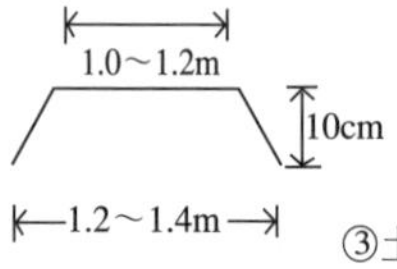

①堆肥の施用量：10～15t/10a（完熟堆肥）
②肥料（1m²当たり）
　窒　素：10g（石灰窒素では50g，硫安では47g）
　リン酸：30g（ダブリンでは85g，過リン酸石灰では150g）
　カ　リ：10g（硫酸カリ20g）
③土壌混和：堆肥施用後および雑草発生初期にかくはん

図3－9　床場のつくり方（大規模栽培の場合）

を用意できない場合は、原土にピート（泥炭）を一〇～二〇％混ぜて使用する。この場合の施肥量は堆積床土に準ずる。大規模栽培の場合は床場で育苗する（図3―9）。床場をつくる場合、堆肥を十分に施用できないときはピートを坪三・三平方メートル当たり一～二キログラム施用する。

ギョウジャニンニクは酸性土壌を好むため、炭酸カルシウムなどのアルカリ性資材・肥料は施用しない。播種時にはリン酸質肥料として過リン酸石灰かダブリンを施用、窒素、カリは硫安、硫酸加里で施用する。元肥としては床土、床場づくりの施肥量とする。追肥については、翌春以降、一〇アール当たり窒素―リン酸―カリを五―一〇―五キログラムまたは一〇―一五―一〇キログラム施用する。

(3)　病気より害虫に要注意

■ギョウジャニンニクの主な病害虫

ギョウジャニンニクの病害としてさび病（仮称）、灰色かび病（仮称）、病名不詳のもの二件が北海道立十勝農業試験場から、白色疫病、すすかび病が富山県農業技術センターから報告されている。害虫ではネギコガ（アトヒゲコガ科）が十勝農試より報告されている。

筆者らの体験では、図3—10上にみられるように実生三年目の根株の食害がみられた。同圃場には多数のコガネムシ類の幼虫（テッポウムシ）とハリガネムシ（コメツキムシ科の幼虫、図3—10下）がいたので、これらの食害に間違いないと考えられる。これらの幼虫はイネ科作物跡地、堆肥を多く施用する圃場、さらには火山性土壌などの軽い土壌で発生が多いことが知られている。

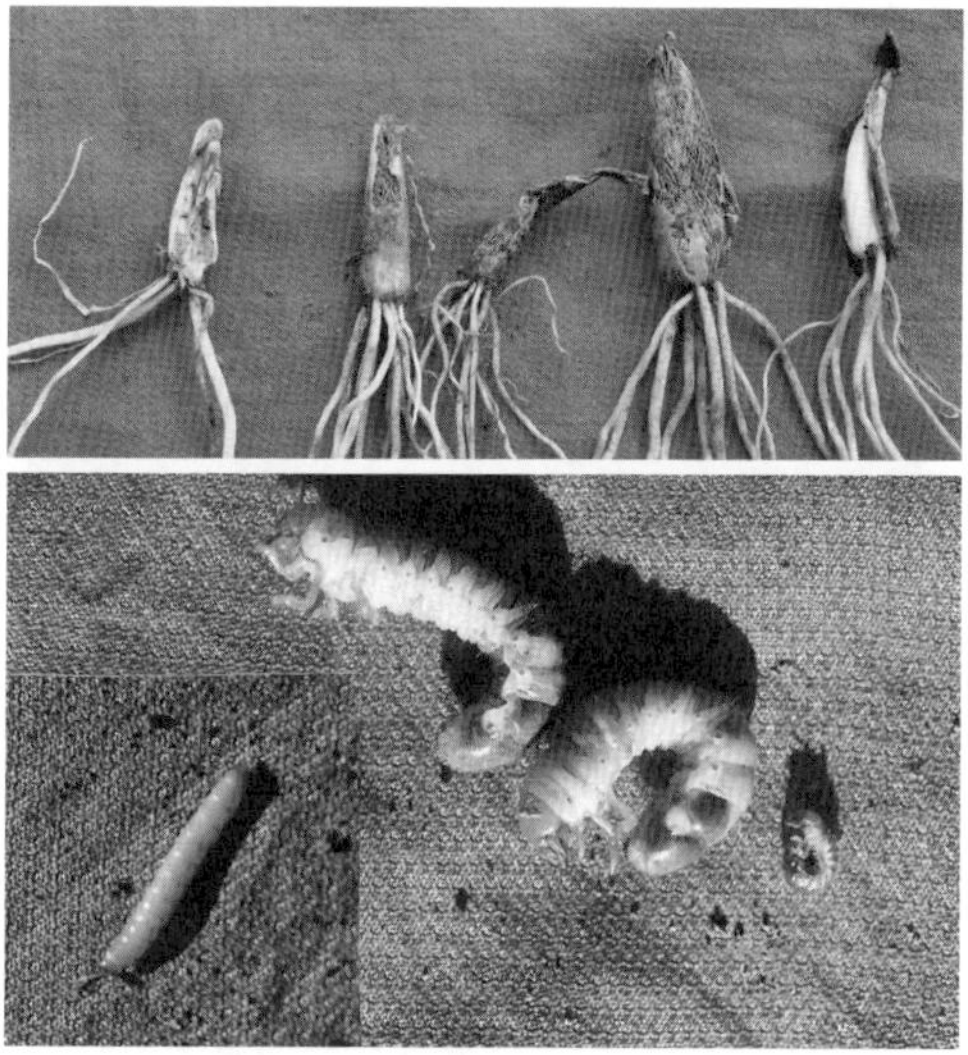

図3－10　食害茎とその害虫

実生3年茎にみられた食害（上），圃場では多数のコガネムシ（下右）とハリガネムシ（下左）の幼虫がみられた。

ハリガネムシはコメツキムシ科の幼虫の総称で、光沢のある黄褐色から赤褐色をしている。成虫はボート形の甲虫で、種類は一〇種ほど知られており、マルクビクシコメツキは全国の火山灰地帯や沖積土壌で発生する。トビイロムナボソコメツキおよびコガネコメツ

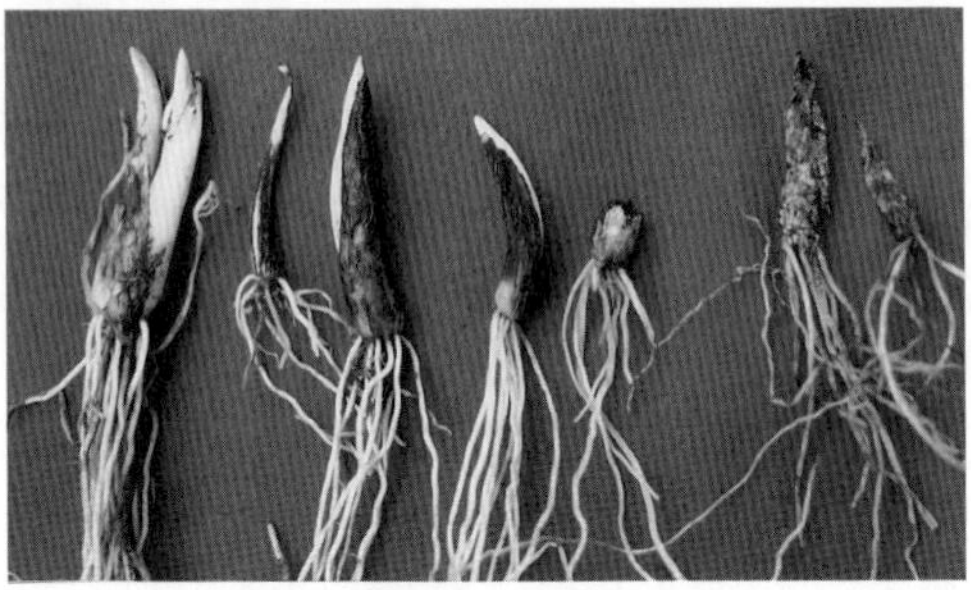

図3－11　腐敗茎
3年茎にみられたが，圃場での発生は少ない。

キは寒冷地で、前者は泥炭土に、後者は埴土地帯に発生する。コメツキムシ科は一世代に満三年を要し、幼虫期間は土壌中で生活し、三年目の夏、成虫になるまで作物を食害する。

コガネムシ類の一世代は二年で、七月下旬頃土中に産みつけられ、八月中・下旬には二〜三齢幼虫になって食害し、翌年、成虫になるまで土壌中で生活し、老齢幼虫として食害を続けると考えられている。ギョウジャニンニクの実生は幼苗期間が長く鱗茎は小さいため、これらの幼虫が土壌中に生息する場合には大きな被害が予想される。したがって、実生栽培では防除が欠かせない。

病害は図3—11にみられるような腐敗茎が発生するが、散発的であり、現在のところ無視してもよい程度である。

ギョウジャニンニクは病害虫の少ない作物であるが、栽培面積が拡大するにつれ発生が多くみられるようになっており、葉を食害するものについては気がついた段階で手でつまみ駆除する。病名などについては農業試験場（地区農業改良普及センターに持ち込めば病名不明の場合には農業試験場につないでくれる）に鑑定を依頼し対応を考える。

■土壌昆虫の防除は確実に

コガネムシやハリガネムシの幼虫が認められた実生圃場の場合、二年目の出芽は良好でも、三年目の根株掘取り時には一〇分の一程度にまで激減することがある。そのため、播種時、ならびに養成圃への根株定植時には土壌昆虫対策として、防除薬剤を土壌混和する。薬剤は、一〇アール当たりダイアジノン剤（商品名ダイアジノン粒剤五）五～一〇キログラム、イソキサチオン剤（商品名カルホス微粒剤F）五～九キログラム、エチルチオメトン・ダイアジノン粒剤（商品名エチメトン粒剤）六～九キログラムなどを使用する。

(4)　温暖地では播種後に敷きわらを

ギョウジャニンニクの発芽条件には温度、変温条件、明るさなどが影響することが知られている。温度についてみると、一〇℃の低温では年内の発芽はむずかしく、二〇～二五℃では良好であり、三〇℃の高温では発芽はみられない。しかし、二〇～三〇日間三〇℃の高温で前処理後二〇℃におく条件では、実用的な発芽率を示している（表2―4、5参照）。したがって、ギョウジャニンニクのような寒冷作物でも、播種時期を遅らせて地温三〇℃の期間を短くすれば、自生地より温暖な地域でも栽培は可能になる。

また、播種時の地温が高くなる地帯では、敷きわらや灌水により地温を二五～二六℃以上に上昇させない工夫が必要と考えられる。遮光により平均地温が二～四℃低下した例が報告されており、敷きわらも同様の効果が期待できる。

ギョウジャニンニクの種子熟期は七月中旬から八月ごく上旬であり、採りまきの場合を除き、播種期はそれより若干遅れることになる。七月三十日の日長時間は、日の出から日の入りまでの時間で北緯二三度近辺の根室では一四時間三九分、札幌では一四時間五三分である。八月二十九日では根室、札幌ともに一三時間二三分であり、実質的な日長時間は一二～一三時間と考えられる。この時期の最低、最高の温度差は雨天、曇天日で三℃、晴天日で一〇℃前後であるが、地温は天気に関係なく一～六℃前後気温より高く推移する。したがって、ギョウジャニンニクの種子にとっては、実験で得られた最適な発芽条件である暗所、二〇～三〇日間播種前処理時に近い条件が、自然の気象条件下で実現されていることになる。

(5) 寒地ではできるだけ早く播種

北海道のなかでも最も冷涼な道東、道北では、九月に入ると気温は急速に低下する。そのため、できるだけ早く播種し、播種当年中に発芽させる必要がある。図3―12のように、出芽率は、八月四日まきの三九・二％に対し、八月十一日三〇・二％、八月二十一日一〇・四％、八月三十一日四・六％と播種期が遅れるにつれて直線的に低下する。三年目の春には二年目の未出芽個体も出芽するため、

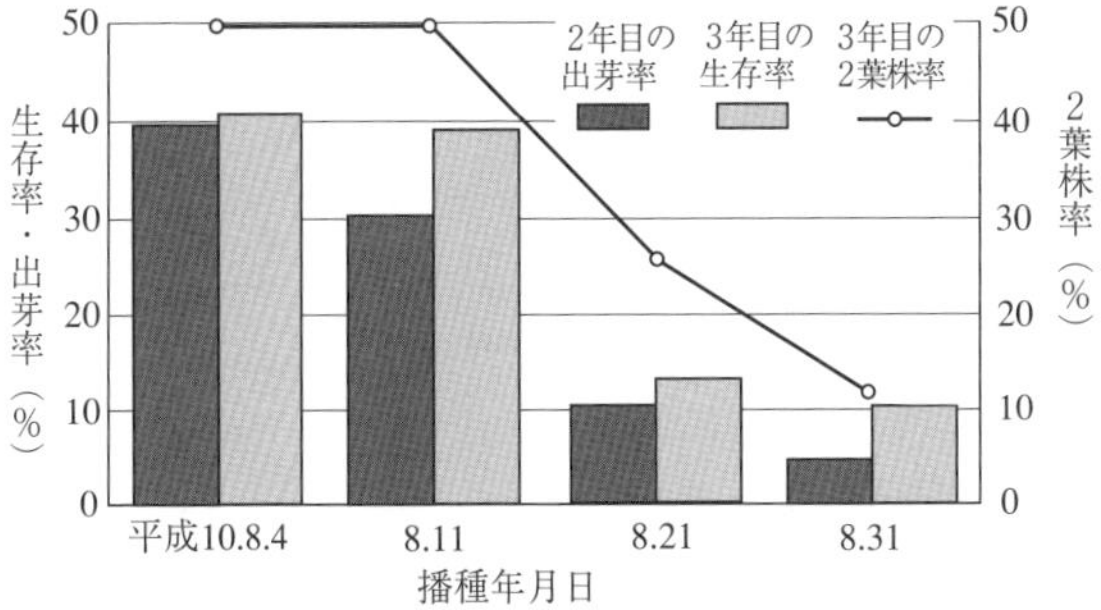

図3－12　播種期別の出芽率，生存率，2葉株率（播種量数500粒/SS系）　（1999.6.13，井芹）

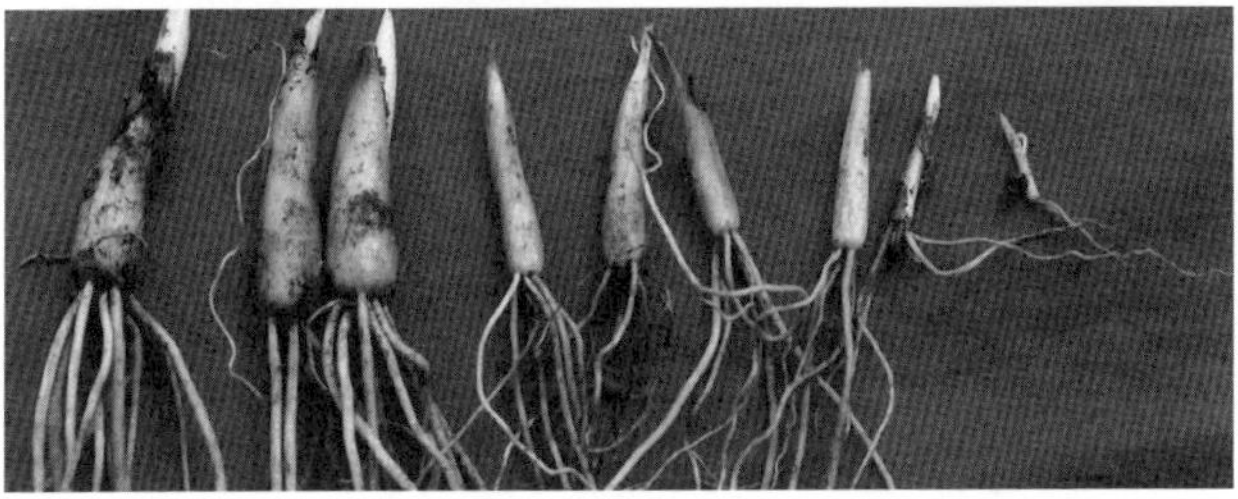

図3－13　8月17日播種の3年目茎にみられた生育のバラツキ
2g以上の個体から種子殻のついたものまでみられた。

生存率は上昇するが、二葉を展開する個体率は八月二十一日、八月三十一日まきでは前年の出芽率に比例して低く、草丈、葉幅などの生育に大きな差がみられる。

平成八年八月十七日に播種して三年目秋に調査したものでは、二グラム以上の鱗茎から種子殻の付着したもの（三年目に発芽した個体）までみられた（図3―13）。こういう生育のバラツキは播種期が遅れるほど大きくなり、播種期が一〇～二〇日遅れるだけで休眠個体が急増し、二年目ばかりでなく三年目になっても出芽するなど、生育に大きく影響することがわかる。このような生育のバラツキは、生産効率ばかりでなく作業性にも大きく影響する。

冷涼な根室・中標津地方では平成八年、九年、十年、十一年とも不織布による被覆を実施しているが、土中内で発芽はしても、出芽はほとんどみられないことから、冷涼な地域であればあるほど早期播種と不織布被覆による保温は必要と考えられる。なお、七月末播種や、秋の気象条件の良い地域では出芽の可能性が高いため、不織布は出芽前に取り外す。不織布を被覆したままにすると、出芽個体が不織布にささり、不織布を取り除くときに抜けてしまうため

表3−1　播種時期の違いがギョウジャニンニクの発芽率に与える影響

（富山県林業技術センター）

播種時期	発芽率（%）（平成8年4月27日）	
	保存温度 20℃	保存温度 5℃
平成7年8月2日	82.4	83.1
8月15日	91.0	89.0
9月1日	82.4	87.4
9月16日	44.0	45.0
10月3日	0.5	0.0

〔注〕7月中旬，脱粒直前の黒色種子を採取，デシケータ内で保存。

である。

北海道東部とは異なり、格段に暖かい富山県林業技術センターでの播種期と発芽率の調査では、八月二日、八月十五日、九月一日播種の発芽率は八二～九一％と差が認められないものの、九月十六日四四％、十月三日〇・五％と、播種期が遅れると発芽率は極端に低下することが確認されている（表3―1）。北海道より暖かい地方では播種期間に余裕があるが、発芽率が低下しない期間に播種する必

要がある。

いずれにしても、播種当年の発芽率向上はギョウジャニンニク栽培成功への第一歩と考えられる。

(6) 播種量は生存率で決定する

ギョウジャニンニクの出芽率（二年目以降については生存率と表記）は播種方法や播種時期、種子の選別方法、さらには、種子の交配方法（近交交配〈系統間交配〉、異系統間交配など）により異なり、各種の試験結果や事例報告をみても二〇％前後から九〇％とバラツキがみられる。

水や塩水に浮いた種子を除くなどの方法で、種子を選別して播種することをすすめている指導書があるが、この場合の播種密度は三×三センチ～五×五センチをすすめている。三×三センチの密度の場合は一平方メートル当たり一一一一粒、五×五センチの場合は四〇〇粒となる。種子を選別しないで、球果から小果を外しそのまま播種する方法もある。この方法では種子の精選を省くため、当然、出芽率は低くなるが、出芽率に応じ採種量を多くすることで同じ株数が得られる。この場合の発芽率はおおむね三〇～四〇％と考えられる。

播種量は、三年目におけるギョウジャニンニクの生存本数と生存率から決定することになる（表3―2）。生存本数五〇〇株が必要な場合、生存率四〇％であれば播種量は一二五〇粒となる。また、生存本数一〇〇〇株を必要とする場合には、生存率四〇％であれば播種量二五〇〇粒となる。種子の出

表3－2　3年目の生存株数からみた1m²当たり播種量（粒数）

生存本数	3年目の生存率	播種粒数
250株	80%	313
	70	357
	60	417
	50	500
	40	625
	30	833
500株	80%	625
	70	714
	60	833
	50	1,000
	40	1,250
	30	1,667
750株	80%	938
	70	1,071
	60	1,250
	50	1,500
	40	1,850
	30	2,500
1,000株	80%	1,250
	70	1,429
	60	1,667
	50	2,000
	40	2,500
	30	3,333

芽率を把握している場合には計算は可能となるが、不明の場合には、次の方法で行なうとよい。
精選して播種する場合……生存率五〇～六〇%、一〇〇〇粒重一三～一八グラム
小果のまま播種する場合……生存率三〇～四〇%、一〇〇〇粒重四〇～五五グラム
として算出する。

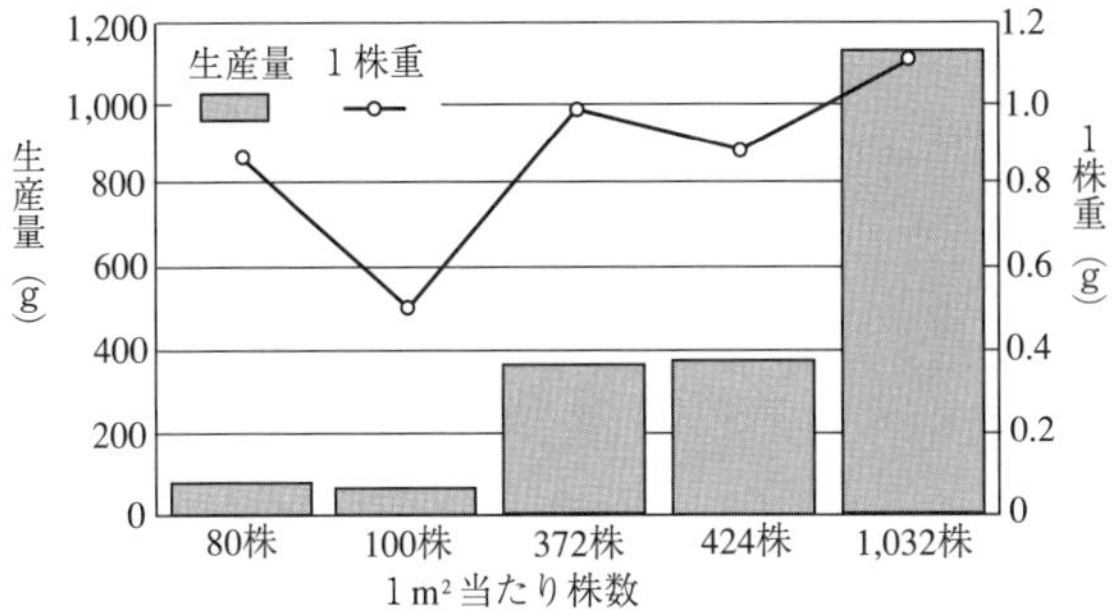

図3－14　栽植密度と実生3年目の生産量（T-T系）
（1999，井芹）

(7) 栽植密度は一平方メートル当たり三〇〇〇粒が目安

どんな作物でも、栽植密度は作業性や収量性の関係から重要である。とくにギョウジャニンニクは初期生育が緩慢で育苗期間が三年間と非常に長い作物のため、最終段階の生育がどの程度であるかなどを予想し栽植密度を決めたい。

栽植密度と収量性に関する筆者らの調査では、栽植密度が増加するにしたがい収量は直線的に増加したが、一株重については変化はみられなかった（図3―14）。そのため、栽植密度は一〇〇〇株程度と高いことが望ましいと考えられる。しかし、一平方メートル当たり一〇〇〇株を超えるようになると鱗茎は細長くなる傾向がみられた（図3―15）ことから、栽植密度は五〇〇～一〇〇〇株以下でよいと考えられる。また、一株重が一・一グラムを超える場合には、密度は七五〇株程度まで少なくしたほうがよいと考えられる。

小果から種子を取り出し、水選するには多くの労力が必要にな

図3－15　密植場所にみられた3年目茎の鱗茎

図3－16　小果のまま播種する方法
小果から種子を取り出さずにすむので省力的。

る。同じ結果が得られるのであれば、商業生産をめざす以上、省力的な方法で実施したいものである。
筆者らの進めている小果のまま播種する方法では、生存率三〇～四〇％程度のため、栽植密度は一〇平方センチ当たり三〇粒、小果数にして一五果を目安にしている（図3―16）。

(8) 覆土深は二センチを目安に

覆土が浅すぎると、種子が露出して乾き発芽性を失うとともに、凍上などにより、出芽個体や出芽途中の種子が浮上して枯死する原因になる。逆に深すぎると、発芽が遅れたり、発芽しても生育できず出芽率は低下することになる。

図3－17　覆土作業のようす

冬期積雪が少なく地下凍結する地帯にある、北海道立十勝農業試験場での覆土深に関する試験では、覆土深は二センチの場合が出芽率も高く、生育も良好であることが確認されている（表2—8、六四ページ参照）。したがって、類似条件下にある地域では、覆土深は二センチが無難である（図3—17）。なお、積雪が深い地域や土質の重い地域では、若干浅くするなどの対応が必要と考えられる。いずれにしても、灌水したときに種子が露出するようでは浅すぎる。

覆土後は必ず鎮圧する。そして、土壌の乾燥状態をみて随時灌水し、種子が乾かないように管理する。

4、育苗期の管理

(1)　播種後は乾燥防止と除草対策を

播種後は、地域の気象条件に対応し不織布、麦稈を敷き、保温や土壌の乾燥を防ぐとともに凍上防止に努める。

気象条件が干ばつ気味に推移する場合には随時灌水し、干害から種子を保護する。小規模栽培での育苗箱やトロ箱による育苗では、とくに乾燥しやすいため、こまめな灌水が必要である。

育苗箱やトロ箱による育苗の場合は、発芽に必要な温度条件を得るために必要な場所を確保したいものである。物陰などに設置すると、発芽に必要な温度が得られず、出芽は二年目以降になる。

播種床に播種した場合は、覆土ののち軽く鎮圧し、雑草発生前に除草剤ペンディメタリン乳剤三〇％（商品名ゴーゴーサン）を一〇アール当たり三〇〇～五〇〇ミリリットルを七〇～一〇〇リットルの水に溶解して散布する。

播種後、雑草の発生量が多い場合に、不織布被覆を一度取り除き、グリホサート剤（商品名ラウンドアップ）などにより、通路を含め除草を実施する。使用方法は、雑草発生揃い期に、少量散布専用ノズルを使い、一〇アール当たり二五〇〜三〇〇ミリリットルを二五〜五〇リットルの水に溶かして散布する。

(2) 適正施肥で増殖率の低下を防ぐ

ギョウジャニンニクの育苗期は、播種後三年を要する。増殖率の低いギョウジャニンニクを収益作物にするには、ギョウジャニンニクの特性を引き出す管理と、むだな労力をかけないことが重要になる。ギョウジャニンニクの実生栽培では、播種当年を含め、播種後三年間は同一圃場での、雑草管理、施肥管理となる。

緩慢とはいえ、八月上旬に播種した種子重量〇・〇一五四グラム程度のものが、当年晩秋には発芽して〇・〇三五〇グラム程度に生長する。二年目秋には〇・三一グラム程度になり、三年目秋に一・一二グラムまでに生長する（鱗茎重にはひげ根を含む）。種子重量に対する増殖率は、発芽時二・二七倍、二年目秋二〇・一三倍、三年目秋七二・七倍であるが、増殖率を低下させないために適正な施肥が必要になる。

早春の追肥は、雪解け直後に一〇アール当たり成分量で窒素—リン酸—カリを一〇—一五—一〇キログラム、肥料名でいうと硫安四八キログラム、ダブリン四三キログラム（過リン酸石灰の場合は七五キログラム）、硫酸加里二〇キログラムを施用する。さらに不足するようであれば、窒素肥料四〜五キロ程度追肥する。

(3) 除草剤散布は雑草の発生前に

早春雪解けとともにギョウジャニンニクは芽生え始めるが、それと同時に雑草も芽生え始める。気温により雑草の発生時期が異なる。雪解けとともにイヌタテやハコベが、また気温の上昇とともにシロザ、ツユクサ、ヒメジョオン、ヨモギ、ヒエをはじめとするイネ科雑草などが、さらには初夏以降にはキク科（タンポポ、フキなど）や樹木であるヤナギ、シラカバなどの種子が風に運ばれ発生する。そのため、雑草防止対策は除草剤と手取り除草を適宜組み合わせながら実施する。

早春から初夏に発生する雑草対策として、まず、雑草発生前に一〇アール当たり三〇〇～五〇〇ミリリットルの除草剤ペンディメタリン乳剤三〇％を七〇～一〇〇リットルの水に溶かして散布する。

この除草剤は土壌表面に処理層を形成し、この処理層に雑草の幼芽や幼根がふれることにより薬剤を吸収する。吸収された薬剤は雑草の生長点の細胞分裂、細胞伸長を阻害するので、雑草は生長が抑制され枯死にいたるという殺草機構をもち、抑草期間は四五～六〇日にわたる。春の除草剤で生き残ったものは手取りする。通路の雑草に対してはグリホサート剤（商品名ラウンドアップ）で処理する。この場合、ギョウジャニンニクにかからないようカバー付き噴口を使用し、風のない晴天の日に散布する。

このような対応にもかかわらず雑草が繁茂する場合には、ギョウジャニンニクの葉が枯凋したのち、雑草の種子が結実し始める頃に雑草を刈り払い、圃場外に持ち出す。雑草の出芽揃い期に一〇アール当たり二五〇~三〇〇ミリリットルのグリホサート剤を二五~五〇リットルの水に溶かし、少量散布専用ノズルを使用して散布する。なお、この薬剤は、萌芽葉が生長する前までに処理しなければならない。

(4) 三年目の秋に根株を掘り取る

実生株の掘取りは三年目の秋に行なう。掘取りは母本株と同様にギョウジャニンニクが枯れ上がったのち、休眠期間中に行なう。小規模の場合はスコップでもよいが、面積が広いときにはトラクターのフロントローダで軽く浮かせたのち、根株を掘り上げてもよい。掘り上げた株はできるだけ早く定植する。定植までに間がある場合には、仮埋め貯蔵をしておく。この場合、鱗茎（根株）はまっすぐに立てるよう心がける。

掘り上げた根株は〇・九グラム以下と一グラム以上の根株に分類し、一グラム以上の根株は二年養成圃場に、〇・九グラム以下の根株は三年養成圃場に定植できるように準備する。

5、養成期の管理

(1) 養成する根株は大きさで分類管理

根株の養成には、①実生から（実生三年目根株）の養成、②不定芽からの養成、③経年茎の増殖ならびに経年茎より発生する分げつ茎の養成、の三つがある。これらの管理は、基本的には同一の管理形態でよい。当然、根株の大きさにより養成期間が異なるため、栽培法を変える必要がある。

(2) 養成畑には一〇アール当たり一〇トンの堆肥を施用

定植圃場は定植一カ月前までには準備を終わらしておきたい。ギョウジャニンニクのひげ根は浅根性で地表近くに密生する。さらに、施肥反応も高く、堆肥に対する反応も良好なため、堆肥などの有機質を十分に施す。施肥来歴にもよるが、堆肥は一〇アール当たり一〇トン（一平方メートル当たり一〇キログラム）以上施用したい。堆肥は地表面に散布し、ロータリーハローで耕起深二〇センチ程度に耕起かくはんする（図3―18）。その後、雑草の出芽がみられるようであれば、雑草駆除対策として、ロータリーハローなどでごく表層を雑草の出芽のたびにかくはんする。

(3) 根株は堆肥の施用量に反応する

ギョウジャニンニクの施肥の基本は、採種用、実生の項で述べたとおりである。元肥は堆肥を基本とする。堆肥の施用量は、圃場の施肥来歴によるが、多いほうが成績は良好である。実生三年目茎の堆肥に対する施肥反応は図2―9（七〇ページ参照）のとおりであり、増殖率では一〇アール当たり二〇トンまで反応している。とくに、堆肥一〇トン以上施用で高い反応がみられる。また、経年茎についてみても図2―10（七〇ページ参照）のとおりで、実生三年目茎より反応は低いものの、堆肥施用により高い増殖効果がみられる。

図3―18　定植圃場のロータリー耕の作業

堆肥をたっぷり施用する。

実生三年目茎の鱗茎重は移植一年後の収穫時には堆肥施用量に対応し四～五倍に、経年茎の鱗茎重は二～二・三倍に増加している。

養成圃の施肥においても堆肥を基本とするが、不足する養分量は化学肥料で施すことになる。施肥量は元肥としておおむね要素量で、一〇アール当たり窒素―リン酸―カリを五―二〇―一五キログラム。追肥は翌春以降、状況に応

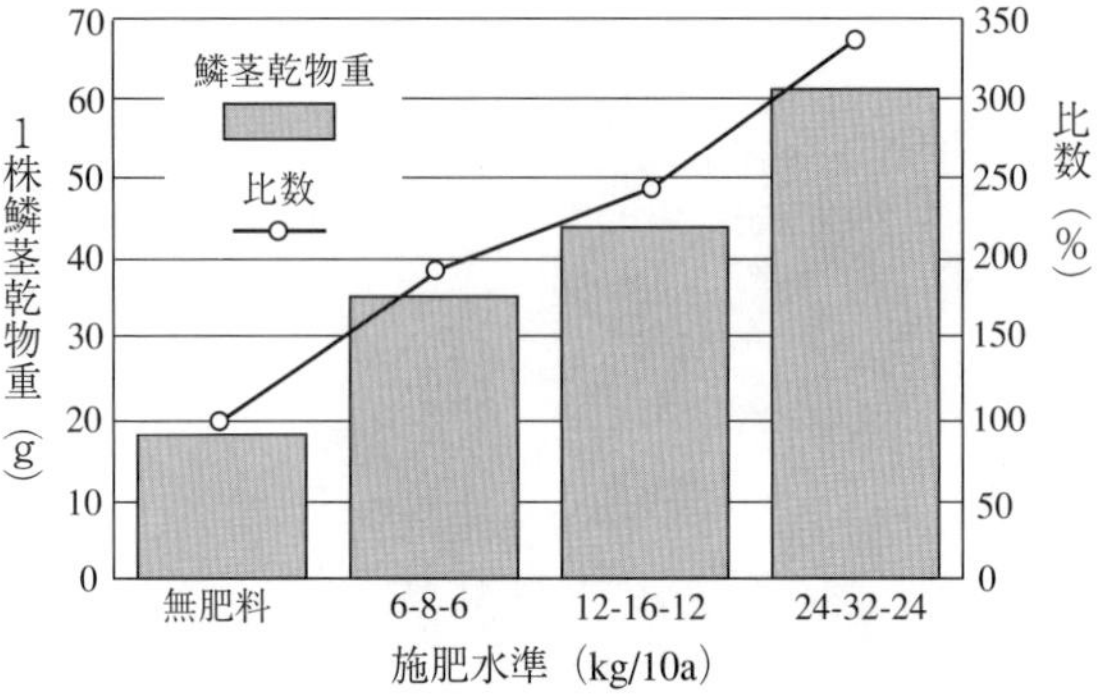

図3－19　ギョウジャニンニクの施肥反応

（1992，北海道立十勝農業試験場）

じ五—一〇—五キログラムまたは一〇—一五—一〇キログラム施用する。

(4)　多めの施肥が収穫量を確実にする

施肥は土壌診断をもとに施肥来歴を配慮し、養分不足のないように行なわなければならない。堆肥を施用する場合においても、施用量により、不足する養分を中心に化学肥料で対応しなければならない。なお、化学肥料の施肥反応について北海道立十勝農業試験場の成績をみると次のとおりである。

定植時、堆肥を一〇アール当たり三トン施用した圃場の三年目および四年目の早春に、窒素—リン酸—カリを一〇アール当たり六—八—六、一二—一六—一二、二四—三二—二四キログラムを表層施肥し、同年十月二十日に掘取り調査した結果を鱗茎乾物重でみると、無肥料に対して施肥量を等倍した場合の一株鱗茎乾物重は直線的に増加することが認められた（図3—19）。

また、一株鱗茎数は無施肥区五、六—八—六区八・六、一二—一六—一二区一一・四、二四—三二

表3－3　施肥水準と生育期の変化

（1992，北海道立十勝農業試験場）

窒素-リン酸-カリ施用量 (kg/10a)	萌芽期 （月．日）	黄変期 （月．日）	生育日数 （日）
無施肥	4．16	7．20	95
6-8-6	4．16	8．10	116
12-16-12	4．11	8．30	141
24-32-24	4．8	9．10	155

表3－4　窒素施用量と遮光の違いがギョウジャニンニクの生育に与える影響

（富山県林業技術センター）

遮光	窒素量	葉身長 (cm)	葉幅 (cm)	葉数 (枚/球)	葉面積 (cm^2/球)	分球数 (球/株)	生存株率 (%)	平成8年7月 平均地温	平成8年7月 最高地温
無	0kg/a	17.1	4.78	2.75	160.0	1.15	65	22.4℃	26.6℃
無	1kg/a	17.7	5.00	2.20	182.2	1.30	47		
無	2kg/a	15.2	4.08	2.90	96.7	1.33	58		
無	3kg/a	14.1	3.53	2.75	78.7	1.40	77		
有	0kg/a	15.9	3.95	2.00	88.8	1.20	70	20.1℃	22.4℃
有	1kg/a	15.3	3.58	2.20	84.8	1.45	62		
有	2kg/a	13.8	3.50	2.15	73.4	1.30	55		
有	3kg/a	14.7	3.63	2.00	75.5	1.25	86		

〔注〕試験場所：平村（標高800m），定植日：平成7年6月2日，調査日：平成9年5月29日

施肥：平成7年6月1日，平成7年11月7日，平成8年11月5日

遮光：期間6～9月，黒色寒冷しゃ二重のトンネルがけ，栽植様式：うね幅60cm2条植，株間10cm

遮光区の平成8年7月の日量の日射量は，最高が21.4MJ/m^2/日，平均16.2MJ/m^2/日

係がみられた。

—二四区では一二・二であった。葉長、葉幅、葉鞘径、葉鞘長についても施肥量の増加に対応した関係がみられた。

さらに、施肥量の増加にともない萌芽期は早まり、黄変期は遅延する傾向がみられ、生育日数は無肥料の九五日に対し二四—三二—二四区では一五五日と大幅に延長することが認められた（表3—3）。ギョウジャニンニクは施肥に対する反応が高いため、栽培しやすい作物といえる。

(5) 遮光による地温の上昇防止は可能

北陸地方の栽培地は標高三五〇メートル以上が望ましいとされており、標高八〇〇メートル以下の圃場では定植後の遮光が必要であり、夏場に地温が高くなる六〜九月の期間は、遮光率八〇％程度の遮光が必要になる。遮光により平均地温で二・三℃、最高地温で四・二℃の低下が富山県林業技術センターで確認されている（表3—4）。同じ試験によると、無遮光では窒素施用量が増加するにしたがい葉面積が小さくなることや、遮光の有無によって生存率に差がみられることから、遮光により栽培条件が緩和されることが示唆されている。

(6) 経年茎の増殖率は根株の大きさにより異なる

経年茎の根株重（鱗茎重）と増殖率についてみると、五グラム以下では二倍、五〜一四グラムでは一・六～一・八倍になるのに対し、一五グラム以上では一・四倍ないしそれ以下であり、定植時の根株重が一四グラム以下で増殖率は比較的高く、それ以上の根株で低くなる傾向がみられる。また、根株重一〇グラム程度のものであれば、一年の養成で二〇グラム以上の根株になり、軟白茎として使用できる大きさになることが認められた（図3—20）。なお、この成績は平成十年十月十六日に定植し、平成十一年十月十日に調査したものである。

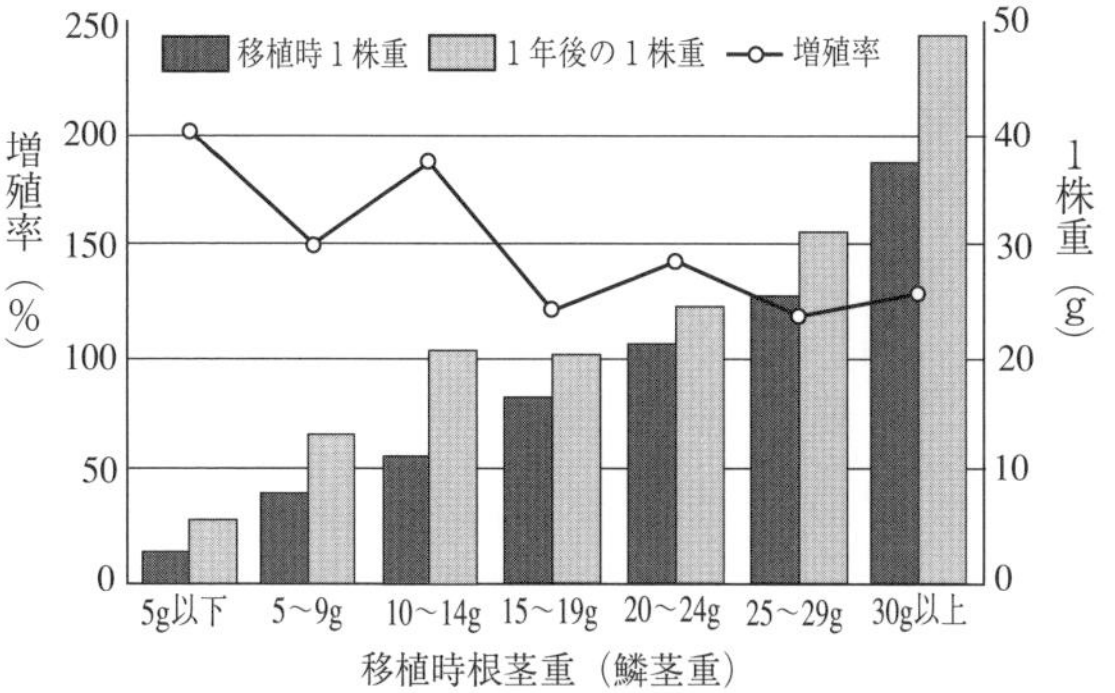

図3－20　1年間の養成による根株重（鱗茎重）の増加と増殖率（T-s系，1.75m²当たり）　（未発表：1999，井芹）

(7)　根株重別に分けて定植する

根株の分類ならびに養成年限は、経年茎の根株では一〇～一四グラムのものは一年養成圃へ、ほかは二年養成圃へ定植する。実生三年目根株は一グラム以上を二年養成圃へ、〇・五～〇・九グラムの根株は三年養成圃へ定植する。また、実生三年目根株のうち〇・四グラム以下のものと不定芽は、苗養成圃に定植し一グラム以上の大きさに育てたのち養成圃に定植する（表3—5）。経年茎と実生三年目茎の分類の違いは

表3－5　経年茎，3年目茎の根株重別養成年限

根株区分＼年限区分	定植後養成年限			備考
	1年	2年	3年	
実生3年目茎	—	1g以上	0.5～0.9g	0.4g以下のものは育苗圃で1年養成し，次年度2年用養成圃へ定植する
経年茎	10～14g	9g以下	—	15g以上は軟白茎として使用不定芽の0.9g以下のものは苗養成圃で1年養成し，次年度2年養成圃へ定植する

増殖率による。経年茎は二倍前後であるのに対し、実生三年目茎の増殖率は四～五倍と増殖性が異なるためである。経年茎に比べ実生茎の増殖率が高くなる大きな理由は、抽台や分げつをしないため鱗茎（根株）そのものが大きくなると考えられる。

(8)　経年茎の増殖能力

春植え経年茎を二シーズン養成し二年目の秋に収量調査した結果、移植時一平方メートル当たり九五株が収穫時には二六〇株と二・七倍になり、根株生産量は四〇九八グラムであった。一〇アール当たりに換算すると四〇九八キログラムになる。鱗茎重別本数でみると九グラム以下が最も多く一一一株四二・七％、一〇～一四グラムは三四株一三・二％であり、一四グラム以下の根株は一四五株五五・九％であるのに対し、それ以上の根株は一一五株四四・一％であった（図3―21）。

根株重別株生産量では九グラム以下の根株重は七八二グラム一九・一％、一〇～一四グラムでは四〇七グラム九・九％であるのに

対し、それ以上の根株は、二九〇九グラム七一％であり、そのうち三〇グラム以上の根株は一一五八グラムと四〇％あまりを占めていた（図3―22）。

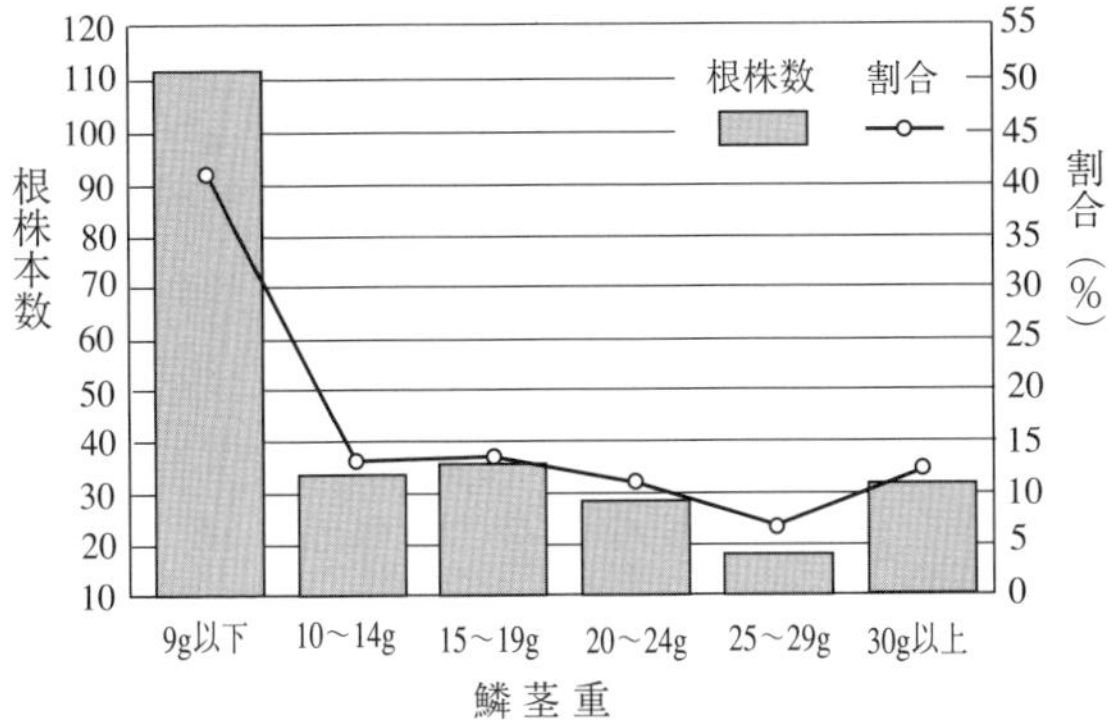

図3－21　経年茎定植2年目圃の鱗茎重別根株本数（1m²当たり）
（未発表：1998，井芹・乾）

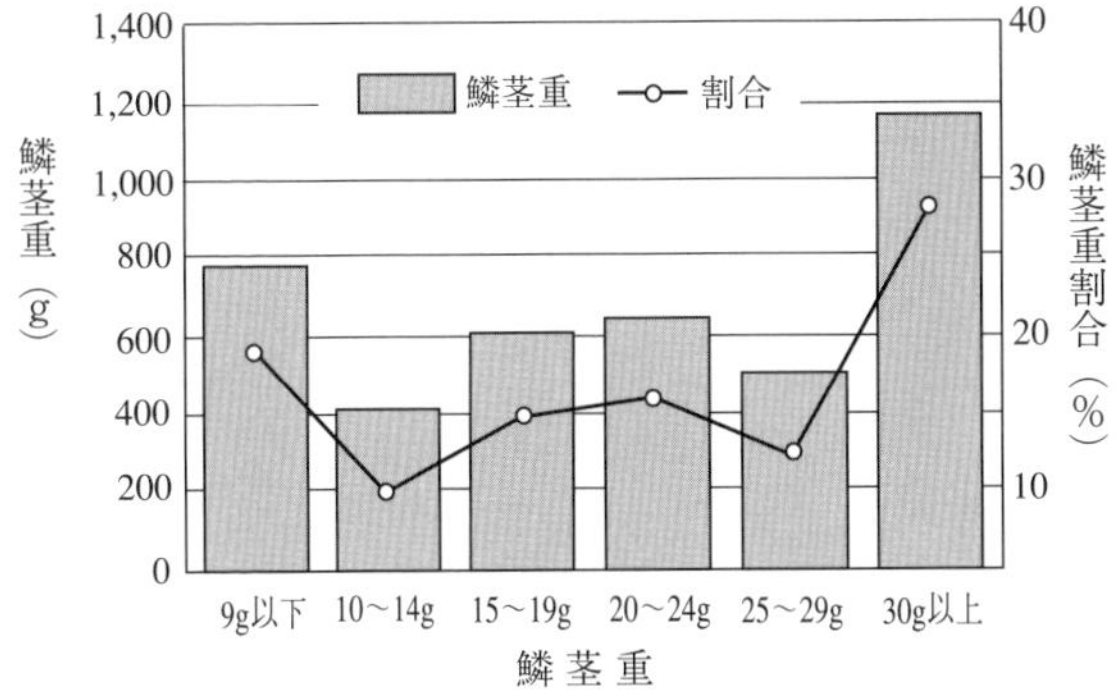

図3－22　経年茎定植2年目圃の鱗茎重別生産量（1m²当たり）
（未発表：1998，井芹・乾）

経年茎の定植後二年間の生産力は、軟白生産に使用できる一五グラム以上の株が株数では四四・一％であるが根株重では七一％と、株数と根株重とでは逆の関係がみられた。このような関係は経年茎の増殖方法である「株そのものの増加」と「分げつ茎の増加」によると考えられる。

(9) 特異的な増殖力を再生産に活用する

伏込み軟白の場合、軟白用養成圃の収穫根株すべてを軟白茎生産に使用するわけではない。根株を分類し、小株は再度養成して大株に生長させ、軟白生産に使用する。そのため、軟白養成圃の必要面積などを前項（8）の経年茎の増殖能力をもとに考えたのが図3―23である。

一平方メートル当たり九五株植えると、二年目の秋に軟白用根株は一一五株二・九キログラム生産できる。二年目も同じ軟白用根株数を確保するためには、一年養成用の一〇～一四グラムの根株は三四株しかないため、不足する八一株を実生養成株などで補充する必要がある。補充に必要な株数の確保には、〇・七平方メートルの圃場があればよい。二年目には、九グラム以下の二年養成株は一一株から一三二株確保できるため、補充はまったく必要がなくなる。

一年養成株の一〇～一四グラムの根株は一年で二〇グラム以上に生長するが、増殖期間は一年間であるため、分げつ茎の増殖はあまり見込まれない。しかし、実生などの補充株からは一四グラム以下の養成株が当然発生する。さらに九グラム以下の二年養成株一一株からも一年養成株、二年養成株が生産されるので、根株補充の必要はなくなる。栽培面積は初年目の一・七倍必要になるが、三年目からは新規に根株を補充せずに再生産が可能になる。

すなわち、初年目一単位の根株養成圃を造成し、二年目〇・七単位の根株養成圃を造成すると三年

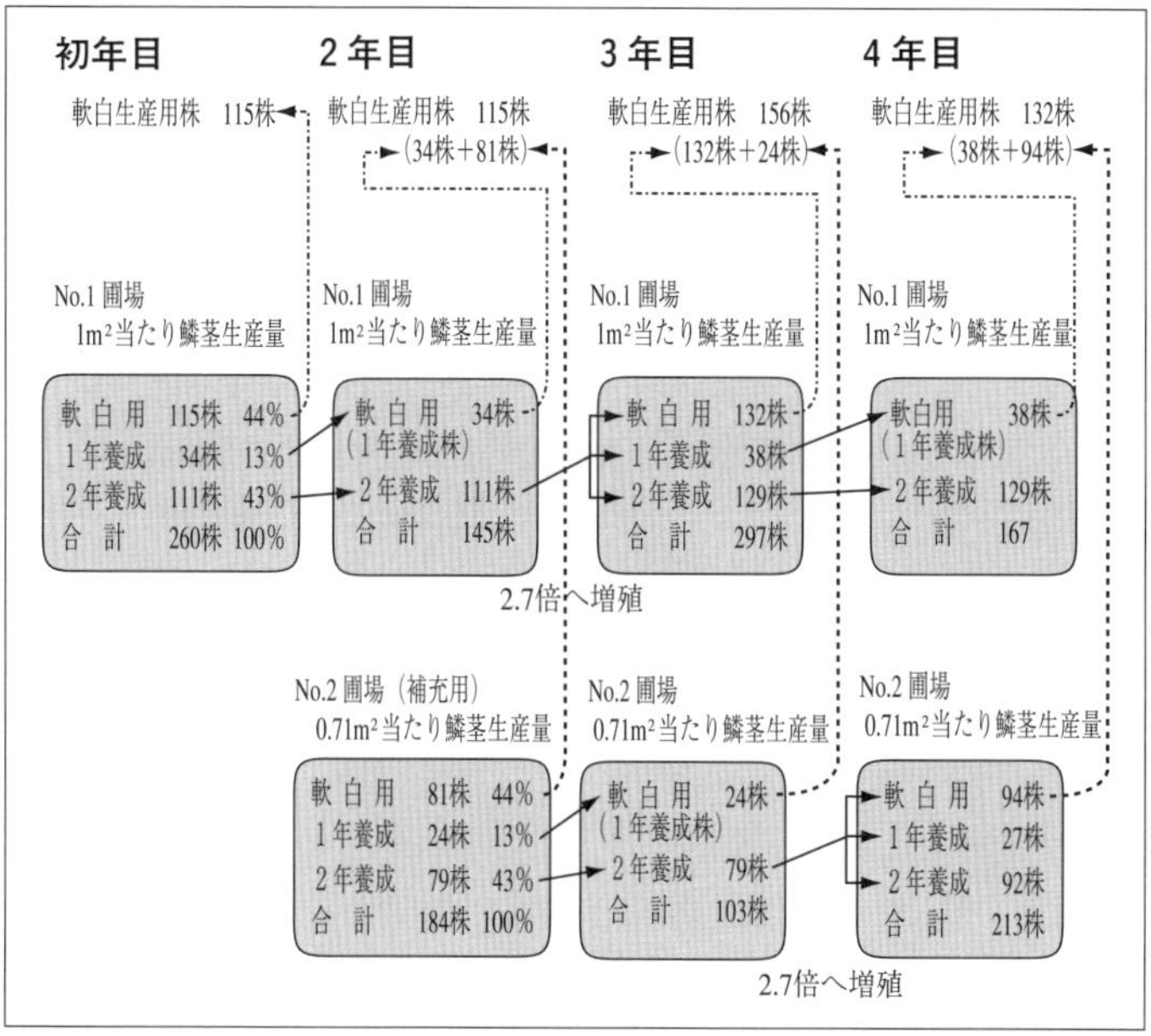

図3－23　ギョウジャニンニクの経年茎増殖率からみた生産循環

〔注〕経年茎を2年養成した圃場の実態調査にもとづき，生産根株のうち15g（44%）以上を軟白用として使用，14～10g（13%）を1年養成株，9g（43%）以下を2年養成株とした。2年養成経年茎の増殖率を2.7倍として算出した。経年茎を養成し，2年目に115株の軟白茎の生産を行なうことができる。

次年度以降も初年目軟白生産用115株と同等以上の生産量を維持するためには，約7割の次年度用養成圃場の準備が必要であるが，このことによって初年目と同等以上の軟白生産を無限に続けることが可能になる。

なお，この方式では年々軟白生産用株の生産量が増加するため，同じ規模で軟白生産する場合には，根株（鱗茎）を販売できることになる。この図では1m²当たり軟白茎生産株数で示した。

図3−24　養成畑での栽植間隔

うね幅1.6m，通路50cm。フロントローダ収穫を想定。

目から軟白茎の生産を開始することができる。その後、根株は若干ずつ増加するため、栽培面積を増加させるか、根株を販売することができる。栽培面積の増加を考えない場合には、種子繁殖は当然必要がなくなるため、採種の必要性もなくなる。花茎を除去すれば鱗茎の増殖率はいっそう増加し、生産効率は高まるものと考えられる。

⑽　うね幅（植え幅）は収穫機械にあわせる

ギョウジャニンニクは、粗植より密植気味のほうが高い収量が得られる。うね幅には確定した基準はないが、収穫機械の作業幅にあわせて決定する。北海道中標津地方で実施しているフロントローダ収穫の場合は、うね幅一・二メートル、作業通路〇・五メートル、またはうね幅一・六メートル、作業通路〇・五メートルとし、条間二〇〜二五センチ、株間四〜八センチで植える（図3—24）。バイブロリフタによる収穫の場合はうね幅六〇センチとし、二または三条植えとする（図3—25）。このように収穫機械の作業幅にあわせ自由に栽植様式を設定する。

栽植密度と収量性との関係は図3―26のとおりで、密度が高いほど増殖率が高くなる傾向がみられる。この調査は秋に定植し、翌年秋までの一年間における成績であるが、一三～一四グラムの鱗茎が二四グラム以上の根株となり、軟白生産に適する根株になることが示されていた。

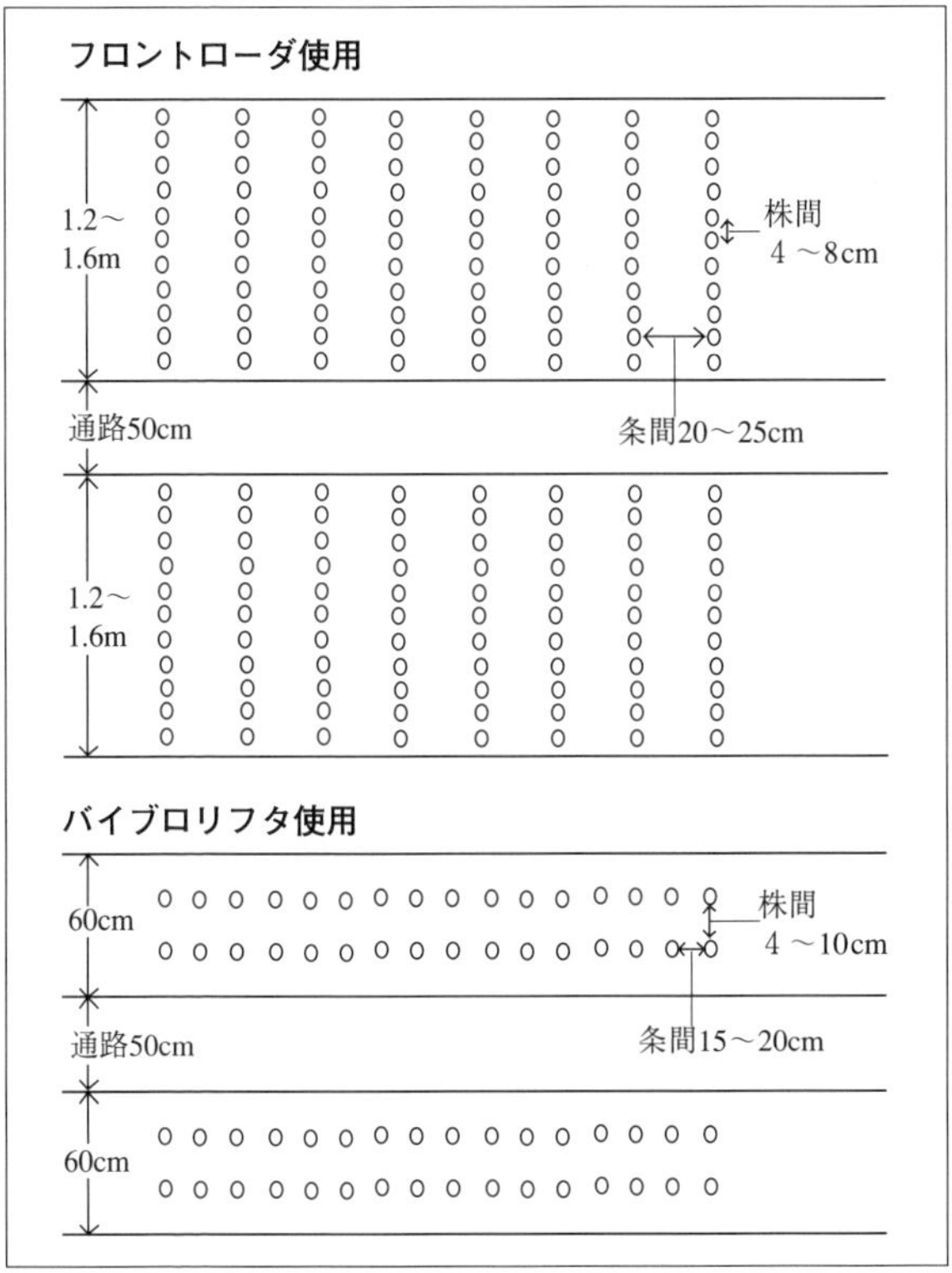

図3―25　収穫機と栽植様式

定植位置（深さ）は苗の大きさや土壌の質にもよるが、経年茎一二センチ前後、実生三年目茎八センチ前後、不定芽四～五センチ前後とする（図3―27）。植え溝はやや深めに切り、溝に沿って鱗茎を四～八センチ間隔で並べる。その際、ひげ根は

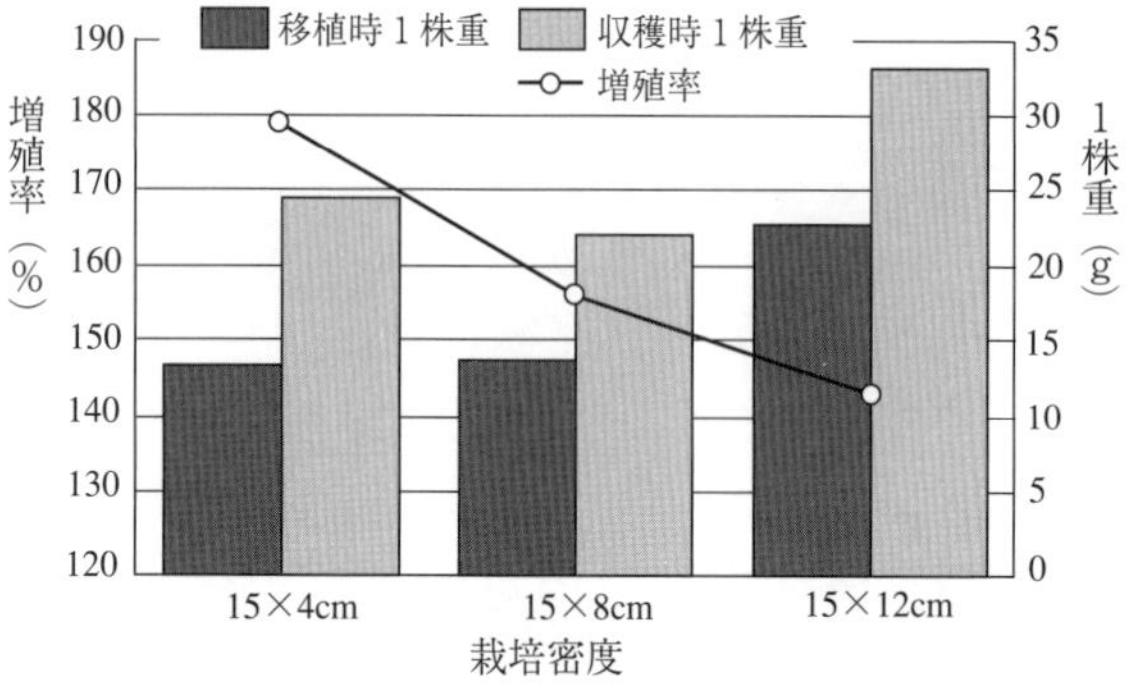

図3－26　栽植密度と収量性（SS系，1.08×2m²当たり）
（未発表：1999，井芹）

下に垂れるようにする。除草くわで根際に土をかけてくわで根際を押さえ、さらに鱗茎が隠れるまで土をかけ、くわで再度押さえる。その後、斜めになっている鱗茎をくわで垂直に立て、茎が曲がらないようにする。

定植位置（深さ）と収量性については明瞭な関係がみられた。定植位置を四センチ、八センチ、一二センチ、一六センチとし、経年茎を前年秋に定植し一年後に調査した場合における成績では、鱗茎の形態は定植位置が深くなるにつれ鱗茎は長くなるばかりでなく、ひげ根が多くなる傾向がみられた（図3―28）。鱗茎重および増殖率では、定植位置一二センチの一八・二グラムおよび一七三％をピークにした関係がみられるほか、定植位置四センチでは定植時に比べ鱗茎重が減少するという現象がみられた。定植位置が浅すぎると、温度、土壌水分などの気象変動を直接受けるため、これらがストレスとなり生産性に影響するものと考えられる（図3―29）。定植位置を四センチ、八センチ、一二センチ、一六センチの鱗茎長は四・二五±〇・五五、六・六三±一・〇五、八・五±〇・五五、一〇・六±一・

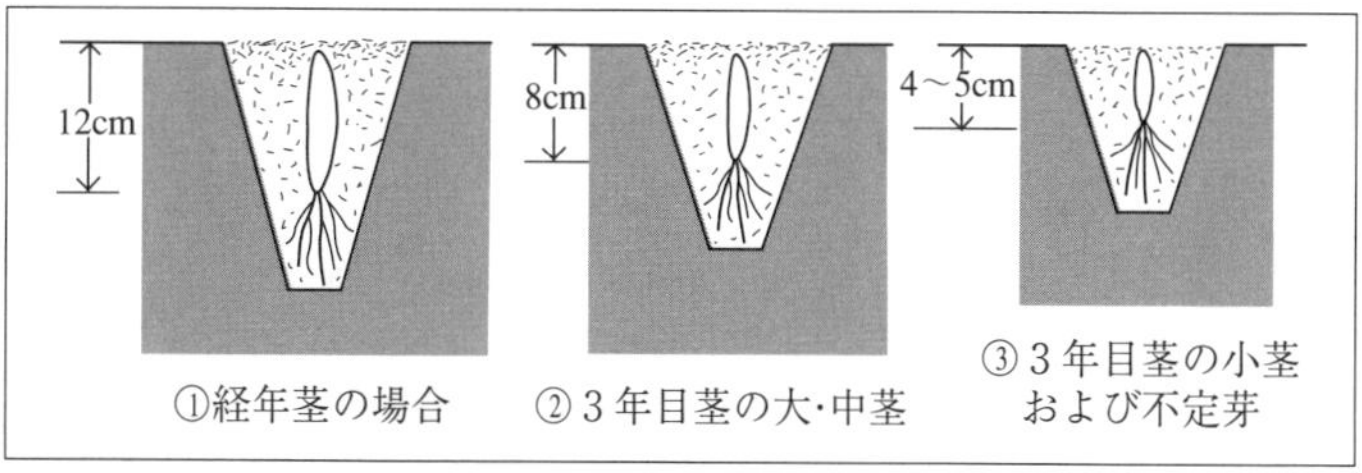

図3－27　養成鱗茎の定植方法

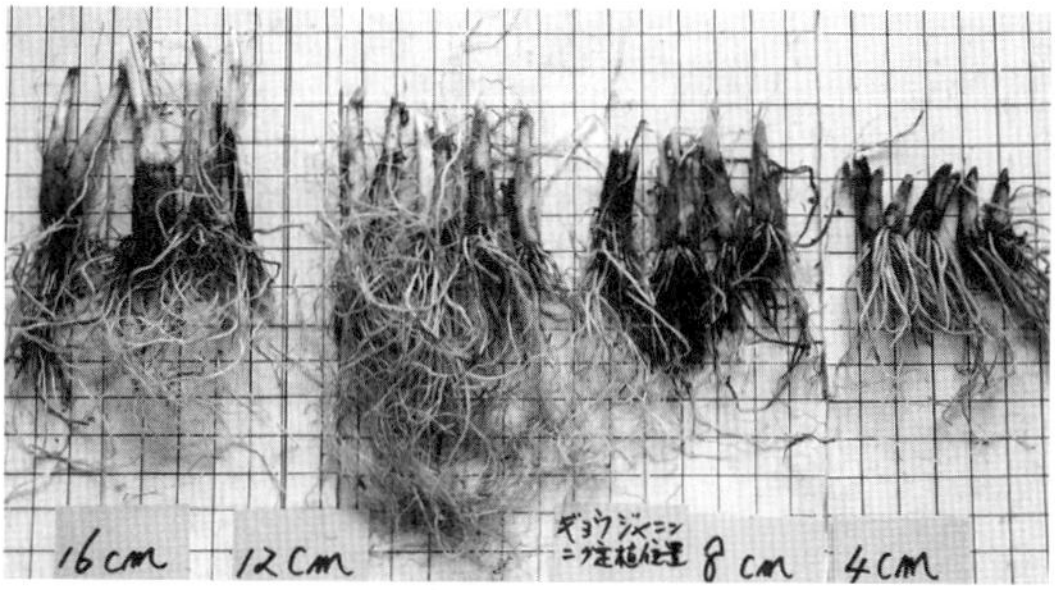

図3－28　経年茎の定植位置(深さ)と鱗茎の関係(平成12年11月26日)
左から16cm, 12cm, 8cm, 4cmの深さで植えて1年後に掘り上げた。

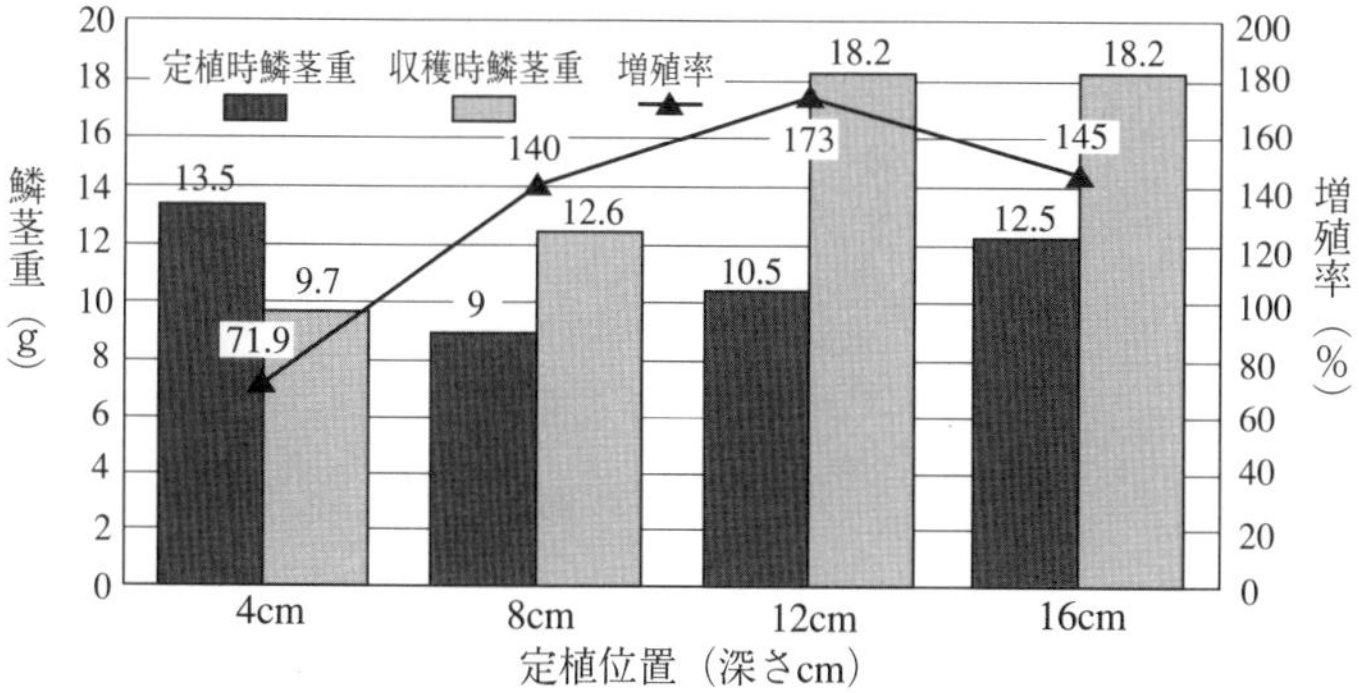

図3－29　経年茎の定植位置（深さ）と鱗茎の増殖性に及ぼす影響
(未発表：2000, 井芹)

図3—30　フロントローダによる掘取り
定植1年目ではひげ根が少ないが（上），2年目になるとマット状に繁茂している（下）。（北海道中標津町　乾守夫氏圃場）

三八センチ、鱗茎径では九・九±一・七八、一三・七八±一・九三、一三・七±一・八七、一四・六七±三・二六ミリであった。

なお、経年茎で鱗茎重一〇～一四グラム程度のものは、一年間で軟白生産に供することができるため四センチ程度の株間とする。それ以下の経年茎、三年目茎の一グラム以上の鱗茎は三～五センチに定植し、養成期間を二カ年間とする。実生三年目の一グラム以下の小株および不定芽は、一年間育苗して大苗として養成圃に定植するのが作業効率上有効と考えられる。

(11)　収穫機械で効率よく掘り取る

養成株は経年化するほどひげ根が多くなり、人力で掘り起こすことが困難になる。定植後一年目であれば人力でも可能であるが、二年以上経過した根株では機械力を使用して掘取り作業を能率的に進めたい。うね幅が一・二〜一・六メートルの場合はフロントローダで、六〇センチ程度であればバイブロリフタで行なう。

図3—30はフロントローダを使用している例であるが、定植二〜三年の株ではひげ根がマット状になっている。これらの根をできるだけ切らないようにして根株重別に分け、一五グラム以上の根株は伏込み軟白用とする。伏込みまでに期間がある場合には、ひげ根が乾かないように仮埋め貯蔵をしておく。

⑿　除草剤の使い方

■未登録だが効果的な薬剤の種類

ギョウヤジニンニクの生育は長期間かかるが、特別な管理は必要としない。定植してしまうと、その後の管理は早春の施肥と雑草駆除のみとなる。養成期間が二年の場合はこの作業を二シーズン行なう。三年の場合はもう一シーズン増えることになる。

除草剤の使用に際してはどの薬剤も未登録なので、そのことを知ったうえで使用しなければならない。除草剤を使用しなくてもよい栽培体系を一日も早く確立したいものである。薬剤の種類は次のとおりである（『最新除草剤・生育調節剤解説』日本植物調節剤研究会より）。

表3－6　除草剤の処理時期と量，対象雑草

	播種当年		2年目以降	
除草剤名	ラウンドアップ	ゴーゴーサン乳剤	ゴーゴーサン乳剤	ラウンドアップ
処理期	雑草揃い	雑草発生前	雑草発生前	カバー付き噴口使用
処理量	250～300ml/10a	300～400ml/10a	300～400ml/10a	250～300ml/10a
対象雑草	すべての雑草	イネ科，広葉雑草の1年草	イネ科，広葉雑草の1年草	すべての雑草
処理季節	出芽前まで	播種後から10月末	雪融け後	通路内の雑草処理：随時

ゴーゴーサン乳剤30（ペンディメタリン30％）　雑草発生前の土壌処理により、一年生のイネ科雑草のノビエ、メヒシバ、エノコログサ、スズメノカタビラ、スズメノテッポウのほか、一年生広葉雑草のタデ類、スベリヒユ、ハコベ、シロザ、カヤツリグサなどに幅広く、安定した効果を示す。ただし、ノボロギクなどキク科雑草の一部、ツユクサには効果が劣る。散布後土壌粒子に吸着されて安定した処理層が形成され、抑草期間は四五～六〇日間にわたる。

ナブ乳剤（セトキシジム二〇％）　イネ科植物のみに作用する、茎葉処理型の吸収移行性除草剤である。広葉植物やカヤツリグサ科などの単子葉植物には、ほとんど活性を示さない。

ラウンドアップ（グリホサートイソプロピルアミン塩）　非選択性除草剤で、一年生はもちろん多年生雑草から雑灌木にいたるまで幅広く高い除草効果を発揮する。本剤は土壌に接触するとすみやかに吸着され不活性化するため、土壌を介しての作物や有用植物への根部吸収害がないので、幅広い条件で安心して使える。

■薬剤の処理時期と量、対象雑草

体系的な使用法を表3―6に示した。

そのほかに次のような使用法もある。

イネ科雑草専用除草剤としては、ナブ乳剤のほかに、タルガフロアブル（一〇アール当たり二〇〇～三〇〇ミリリットル）、また、スズメノカタビラにも効果のあるセレクト乳剤（クレトジム、一〇アール当たり五〇～七五ミリリットル）などがある。

特殊な例として、ラウンドアップをギョウジャニンニクが枯れ上がり萌芽葉が出る前に使用する方法があるが、筆者は実施したことはない。

いずれにしても、ギョウジャニンニクとしてはどの農薬も未登録である。このことに留意し使用しなければならない。

6、軟白茎生産のポイント

(1) 高単価をねらって軟白化

長い根株養成期を経て、生産の最終段階として軟白栽培がある。ギョウジャニンニクの市場価格は

図3－31　軟白のようす
上：大規模生産に向く伏込み床方式（北海道門別町 若林一雄氏）。下：小規模生産に向くボックス方式（北海道中標津町 乾守夫氏）。

季節により四倍以上の価格差があるため、出荷時期が重要になる。また、鱗茎（根株）は軟白方法により生産性が左右されるため、ギョウジャニンニクの特性を知って栽培することが大切である。とくに、生育期間中に要した費用を回収し利益を上げるには軟白方法が大きく影響する。いうまでもないが、ギョウジャニンニク栽培が高収益作目になるか否かは、すべてギョウジャニンニク栽培者である各自の責任となる。

ギョウジャニンニクの軟白技術には種々の方法があるが、大きく分けると露地軟白と伏込み軟白に分けられる。露地軟白は、簡易な施設を使用するトンネル栽培と放任栽培とに分けられる。伏込み軟白は伏込み床を使用する方法（以降、伏込み床軟白栽培と称す）と軟白用育成箱（既製品のミニコンテナや木製箱などのボックス類）を使用する方法（以降ボックス軟白栽培と称す）がある（図3—31）。

伏込み床に使用する温源は、電熱暖房、温水暖房、温風暖房などがあり、これらの暖房は室内全体を温める方式と地中加熱方式がある。小規模ではボックス栽培とし、フレームやビニルハウス全体を温める方式にすると、コストも低く抑えることができる。大規模では伏込み床とし、トンネル被覆との組合せが保温管理上、合理的と考えられる。

ギョウジャニンニク軟白茎の出荷用形状は、全長一五〜二〇センチ前後で白い茎三、赤い茎三、緑の葉部三の比率の生育ステージ、すなわち出葉はじめ頃が高い評価を得ている。伏込み軟白栽培の場合、葉鞘茎の白の長さは伏込み時における芽土の深さにより調節し、葉鞘茎全体の長さと赤紫色の部分は軟白資材の被覆の厚さにより調節する。ただし、軟白用根株を株ごと伏せ込んで栽培する場合には軟白資材の被覆の厚さにより、葉鞘茎の長さと色分けを調節することになる。露地軟白の場合も同じ要領で軟白資材を使用する。

ギョウジャニンニクの軟白とは、葉鞘茎の長さを一定にし、規格化する技術である。ギョウジャニンニクは軟白によって規格化が可能になり、市場性を高め、さらに健康野菜として商品価値を高めており、軟白は重要な技術となっている。

(2)　伏込みは生産規模により二方式

伏込み軟白には、伏込み床を使用する栽培法とボックスを使用する栽培法とがある。伏込み床軟白

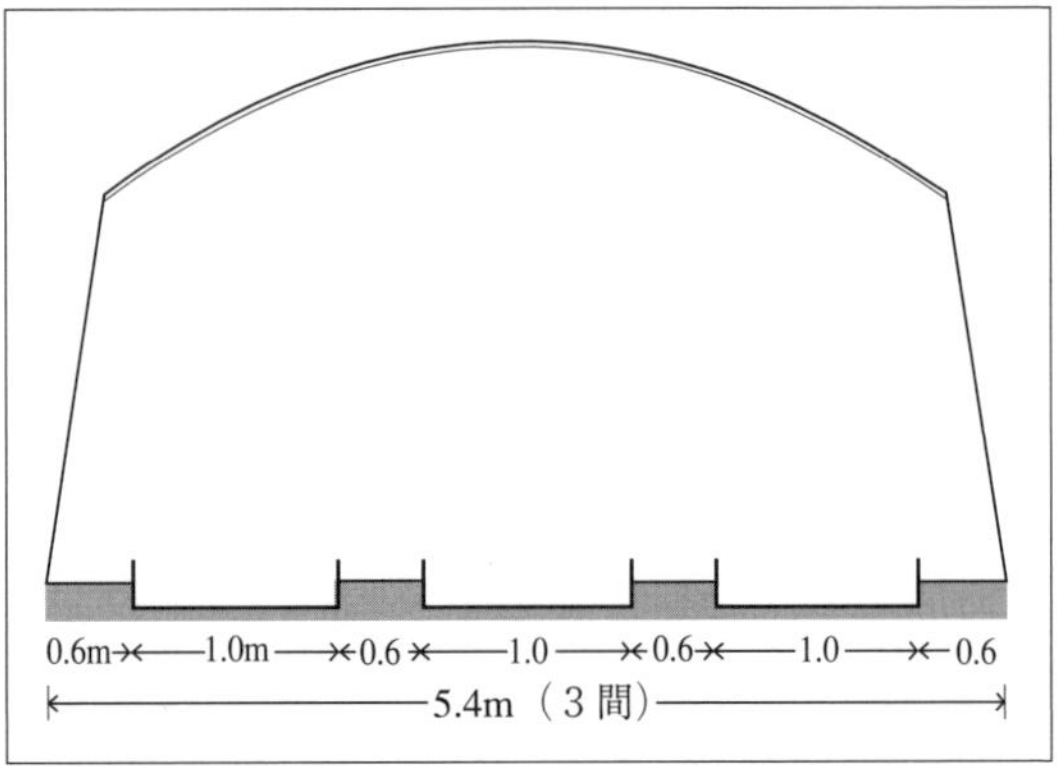

図3－32　軟白用ハウスの伏込み床配置図

法は、大規模生産に適し、ボックス軟白法は中・小規模に適する。

伏込み軟白の場合、根株の処理方法としては、①掘り取った株ごと使用する方法、②根株を重量別に分類し、一五グラム以上の根株は軟白用に使用し、一四グラム以下の根株は養成株とする方法がある。軟白に使用する一五グラム以上の根株も大きさ別に段階をつけて伏せ込むことによって、生産される軟白茎をそろえることができ、選別包装時の省力化に有効である。この方法は伏込み床軟白栽培にも適すが、ボックス軟白栽培ではとくに効率的である。

■伏込み床軟白栽培

軟白栽培用施設はよく日光の入る施設で建設コストの安いものであれば、どのような形式の施設でもよいと考えられる。ギョウジャニンニクの軟白では茎の三分の一程度が赤紫色になることが要求される。そのために軟白期間中はよく日光に当てる必要がある。

日当たりの悪い施設の場合には、赤紫色部分が不十分で格落ちになる。

一般的にはビニルハウスが使用され、ハウス内の伏込み床は図3―32のような配置になる。小規模の場合はフレームや小型のビニルハウスを使用する。

以上のほかに枠板、もみがら、電気温床線三・三平方メートル当たり一五〇～二〇〇ワットの資材一式、およびトンネル用被覆資材（不織布など）も必要になる。

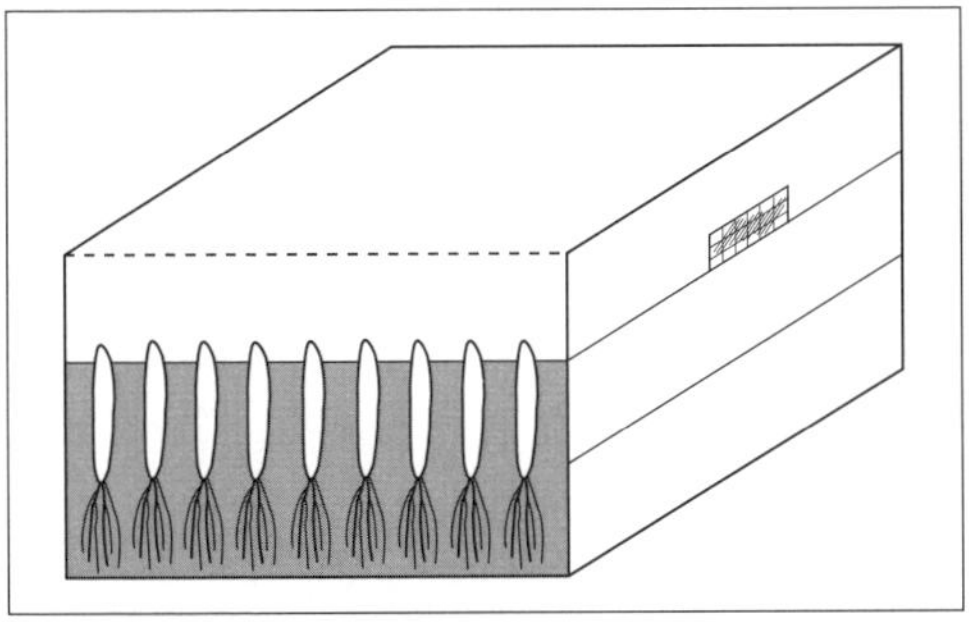
図3－33　ミニコンテナを使用した伏込み（略図）

図3－34　伏込み用木箱（45×60×12cm）と枠

■ボックス軟白栽培

伏込み用ボックスとしてミニコンテナ、または木箱を使用する（図3―33、34）。使用資材はミニコンテナ（幅三三・〇センチ、長さ四八・五センチ、深さ二九・五センチ）、ピートモス、もみがら、暖房機などが必要になる。もみがらは軟白資材として、ピートモスは伏込み用芽土として使用する。ピートモスは、水もちがよい、土より軽い、軟白時根腐れの発生が少ない、などの特徴がある。また、もみがらの入手が困難な地方では、もみがらの代替品としても使用できる。暖房機は設置施設に応じて選定する。

そのほか夜間の保温対策として厚手の不織布、冬期寒冷な地方では断熱シートも必要になる。

(3) 伏込み後に冷気に当てて休眠打破

軟白用根株の伏込みは、根株の収穫にあわせて同時並行的に行なう。根株を掘取り後、根株重ごとに分け、それぞれ準備された伏込み床やボックスに伏せ込む(図3—35)。ギョウジャニンニクはひげ根を取ると作業性が向上するが、軟白茎生産にはマイナスに働くので注意する。

伏込み方法は、湿らせたピートモスでまくらをつくり根が曲がらないよう垂直に、ひげ根をたらすようにし、芽土を用いて根株を伏せ込む。株と株の間はあけないようにし、芽土の深さは根株のひげ根の付け根から六~七センチ程度にする。この深さに比例して白い茎の部分ができる。加温開始直前に軟白資材であるもみがらなどを六~七センチ程度充填する。なお、ミニコンテナは、内側にビニル

図3－35　鱗茎の伏込み作業のようす（北海道中標津町乾守夫氏）

などを張り、芽土やもみがらがこぼれないようにしてから伏せ込む（図3―36）。

浅い木製ボックスの場合、根量が多いと伏込み株数が少なくなるため、ミニコンテナが便利である。伏込みが終わったら、十分に灌水し、冷気に当たるような状態で屋外で貯蔵する（図3―37）。貯蔵期間はギョウジャニンニクの休眠期間とし、市場の状況にあわせて、随時もみがら、またはピートモスを充填して加温を開始する。

なお、ビニルハウスなど施設内に伏せ込んだ場合は、すそを開け放し終日、冷気に当てるようにし、休眠打破に必要な低温が得られるようにする。

図3－36　加温開始前にもみがらを充填した状態

上：ミニコンテナは伏込みの前にビニルなどで内張りしておく。下：木箱は枠をはめ，もみがらを充填して加温を開始。

図3－37　伏込み後，十分灌水して屋外で貯蔵
この場合，積み重ねてもよい。

(4) 積算温度二四〇℃、二〇日目で収穫

北海道東部地方では、加温を開始する十二月には、屋外貯蔵した伏込みボックスは凍っている。そのため、加温開始予定四、五日前までにビニルハウスに運び込んで解凍する。解凍後、もみがらやピートモスを充填し、加温を始める。

加温開始後二一日目頃から収穫を開始するが根株間の生育差が激しくみられ、収穫終わりは三一日目くらいと、収穫には一一日前後かかる。加温開始から収穫はじめまでの土中平均温度は一一・五℃、室内平均温度は六・七℃、積算温度は二四一℃であった。また、加温開始から収穫終わりまでの土中平均温度は一三・一℃で、積算温度は四〇五℃、室内平均温度は五・六℃であった(図3—38)。この調査では、屋外貯蔵してあった伏込みボックスを直接加温したため、地温が七～八℃になるまでに五日ほど要している。

いずれにしても、ギョウジャニンニクは、低温で日数をかけ、十分日光に当てて生育させることによって、白、赤、緑のはっきりした軟白茎を生産しなければならない。そして、収穫適期になったものから収穫し、品質を落とさないことが重要になる。

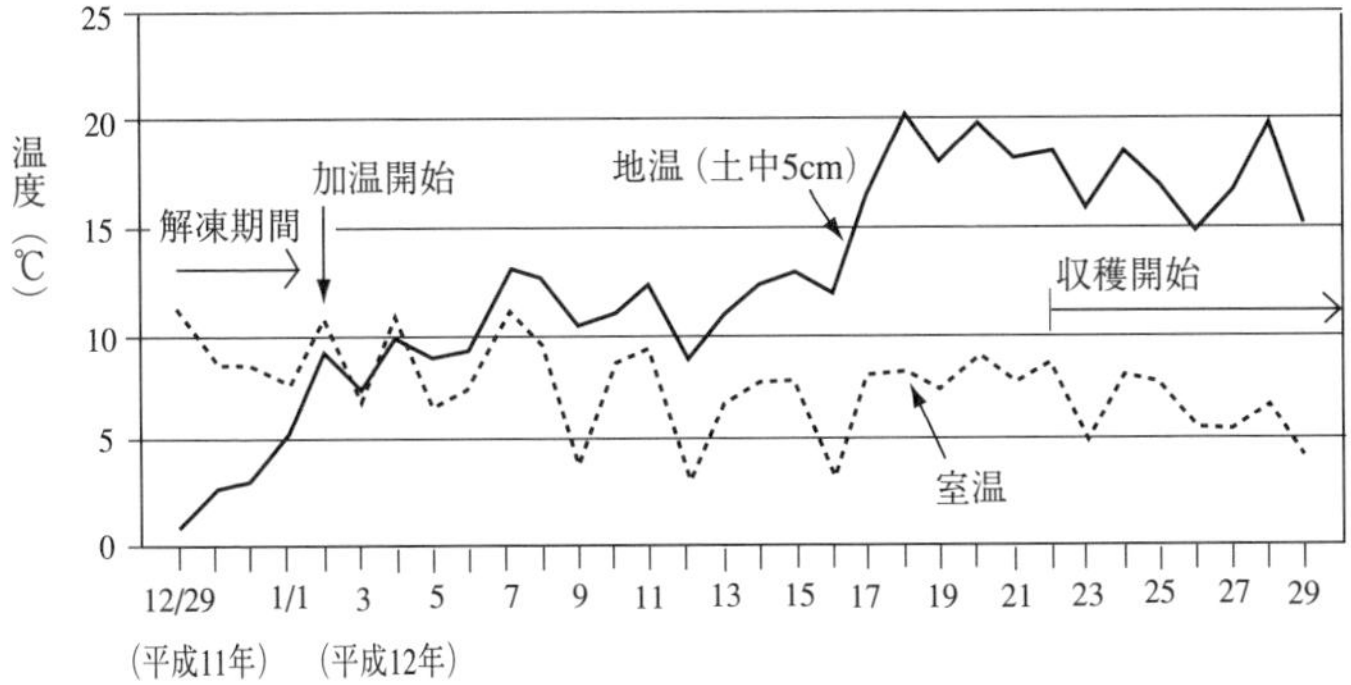

図3－38　ギョウジャニンニク軟白育成温度

(5)　手間がかからない露地軟白栽培

露地軟白栽培には放任栽培とビニルトンネル軟白栽培があるが、放任栽培で市場出荷を実施している例は少ないと考えられる。出荷する場合には山取りより二～三週間早く生産できるトンネル栽培を行ない、単価の高い時期に出荷して収益性の確保をはかる。この方法は流通範囲が狭い地方市場に出荷する場合に成立する栽培方式と考えられる。

栽培方法は、一度収穫すると二年間は根株を養成し、根株を充実させて三年目に再び収穫する方式である。栽植方法は以下のとおりである。

うね幅はトンネルを設置できる規格とする。うね幅は両サイドから収穫できるよう八〇～九〇センチ程度とし、三～四条植えで株間は一〇センチ程度とする。根株の充実を待って収穫に入る。冬期地下凍結する地方では、トンネル用ポールを収穫前年の秋に設置しておくよう心がける。

三月下旬にビニル張りを行ない、夜間は保温のためビニルの上から断熱シートやこもなどで保温し、ギョウジャニンニクの生育促進をはかる。さらにギョウジャニンニクの上に不織布をかけてもよい。出荷を目的とした場合、葉鞘茎を長くし白い茎の部分を確保するには不向きの作型であるが、軟白資材として六センチ程度のもみがらによる被覆や深植、完熟堆肥の施用により対応している例もある。

第4章　収穫と販売の方法

1、市場の動向

(1) 取扱い量は減少傾向、単価は上昇

山菜類の統計情報は各地域の「中央卸売市場年報」により知ることができる。山菜類の生産・販売を計画した段階で、「中央卸売年報」や各市場から品目別情報を取り寄せ、数量、金額などを十分検討してから生産に取り組むべきである。

北海道における山菜の市場動向として札幌中央卸売市場の品目別取扱い量をみると、年次によって変動はあるものの、平成十一年ではヤマウド、つくりヤマウド（ヤマウドを軟白栽培したもの）、フキに次いでギョウジャニンニクとなっている。取扱い金額ではギョウジャニンニクがトップで、取扱い量の多い品目と比べても二倍以上の金額となっている（表4—1）。

ギョウジャニンニクは平成二年から札幌中央卸売市場年報に記載されるようになっており、平成五～十一年の七年間における取扱い量、取扱い金額、平均単価についてみると、取扱い量は平成八年までは二〇トン台であったのに対し、平成九年は四一トン強と急増し、平成十年三六トン台、平成十一年三三トン台とやや減少ぎみに推移している。取扱い金額では平成七年までは四〇〇〇万円台だった

表4－1　平成11年山菜市場動向（取扱い金額順）

（札幌中央卸売り市場丸果札幌青果提供資料）

品名	期間	出荷量(kg)	金額(円)	対前年出荷比	単価(円)	対前年単価比	年最高旬価格(円)	年最高価格旬
ギョウジャニンニク	1-6上，6中-7上	33,673	72,478,229	114	2,152	123	5,976	1月上
つくりヤマウド	1上-5下，12下	67,963	33,898,138	103	499	107	605	1月中
タランポノメ	1-6中	6,940	27,657,515	81	3,985	128	7,660	4月中
ヤマウド	4中-7上	71,750	26,700,858	102	372	115	1,826	4月中
フキ	4-7	58,353	9,436,650	66	162	66	693	4月中
ボウフウ	1-8上，9，12中下	2,168	9,051,842	92	4,175	132	8,751	4月上
コゴミ	1上-6下	2,116	2,971,151	123	1,404	106	3,110	3月下
ワラビ	1下-7下，8中下，11下	3,583	1,563,116	85	436	95	1,838	4月下
チコリー	1-5上	889	508,051	66	571	90	893	1月中

のに対し、平成八～十年では六〇〇〇万円台、平成十一年では七〇〇〇万円台と、年々増加傾向となっている。

平成七年までの一キログラム当たり平均単価は一六〇〇円台、八年では二〇〇〇円台を記録したが、九年では出荷量が前年比約四二％増加したため単価は一六〇〇円台となっている。平成十年一七〇〇円台、十一年二一〇〇円台と単価は確実に上昇する傾向がみられる。

(2)　一月から三月中旬までが高単価

ギョウジャニンニクの旬別市場動向を図4—1に示した。出荷時期は一月上旬から六月中・下旬または七月上旬となっている。出荷量は一～三月中旬では少なく、三月下旬から増え始め、四月中旬から五月上旬にピークを迎え、その後、徐々に低下して六月中旬～七月上旬に終了する。

なお、一～三月上旬までの冬期出荷量が増加する傾向がみられることから、施設栽培に取り組む体制整備が進みつ

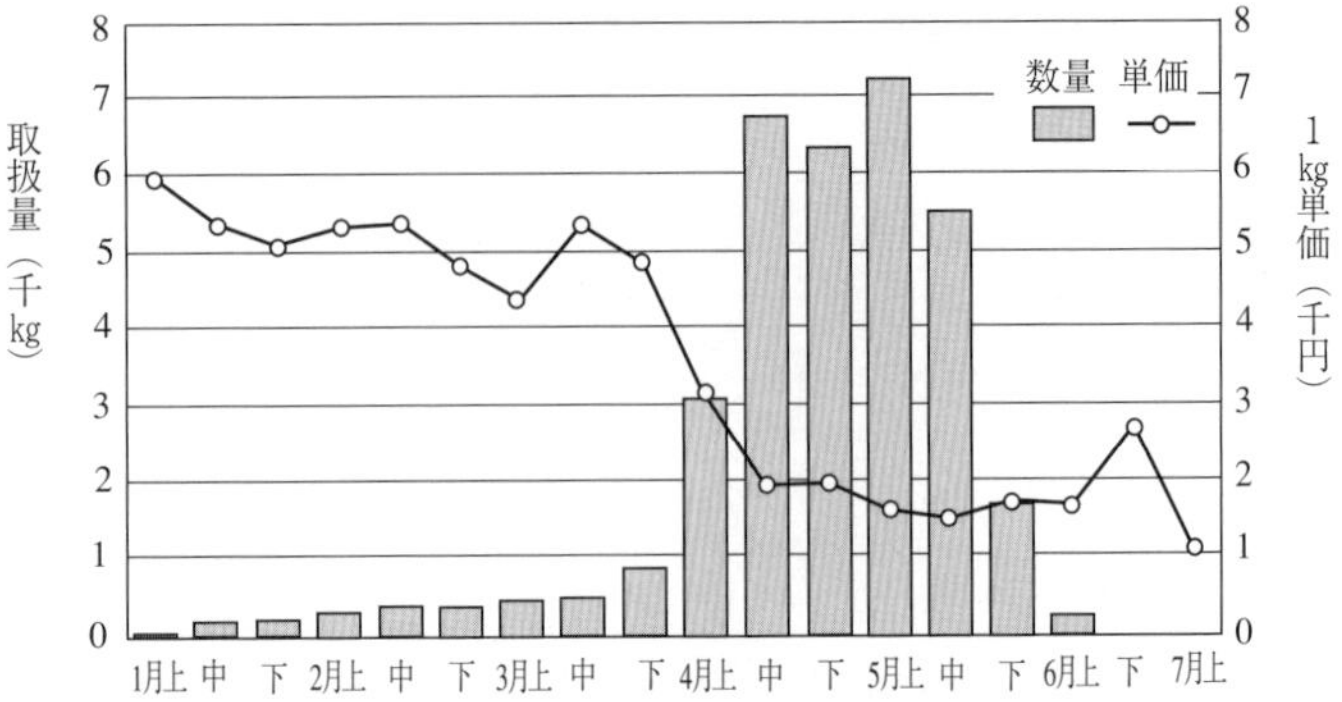

図4－1　平成11年ギョウジャニンニク旬別市場動向

（札幌中央卸売市場成績：丸果札幌青果株式会社資料より）

つあることがうかがわれる。また、最近では三月下旬の出荷量が低下し、四月中旬から五月中旬の出荷量に明瞭なピークがみられなくなっており、山取りのものが減少していることもうかがわれる。

　単価は出荷量と大きく関係し、冬期間の一〜三月中旬までは高価格であり、出荷量が増加するにしたがって急激に低下するパターンが例年の傾向となっている。一月上旬は、一キロ単価が平成七年六九〇〇円台、九年六三〇〇円台、十一年五九〇〇円台と出荷期間の最高値となっている。平成十一年の例でみると、出荷量の増加にともない四月上旬三一一〇円、四月中旬二二六〇円、四月下旬一六〇〇円、五月上旬一五五〇円、五月中旬一五四〇円と直線的に低下している。この現象は、まだまだ自生地から採取される天然物の出荷に依存していることを示している。

　また、単価の低下要因としては、出荷量の増加だけでなく、自生地から採取されたものには葉が開くなど、品質にバラツキが大きいためとも考えられる。

2、市場出荷の荷姿

ギョウジャニンニクの生産は、根株養成⇩軟白茎生産⇩包装・荷造り⇩輸送⇩市場出荷⇩代金回収という工程を経てはじめて終了となり、どの工程においても手抜きはできない。市場では出荷された軟白茎の品質が評価される。評価は葉鞘茎の伸び、色、葉部の伸び具合い、鮮度などにより判断される。生産された軟白茎の包装は生産段階における最終工程であり、手抜きのないようにしたい。

(1) 収穫期は葉鞘茎が裂ける前に

軟白茎の収穫開始は、伏込み後積算温度で二四〇℃、日数で二〇日前後と考えられるが、軟白施設により異なるため生育の状態で判断する。軟白茎の望ましい販売用荷姿を念頭において収穫する。軟白茎は収穫までに十分日光に当てて

図4－2　収穫開始直前のようす
軟白材としてもみがら充填をして葉鞘茎を伸ばしたのち，もみがらを除去し，日光に当てている様子。

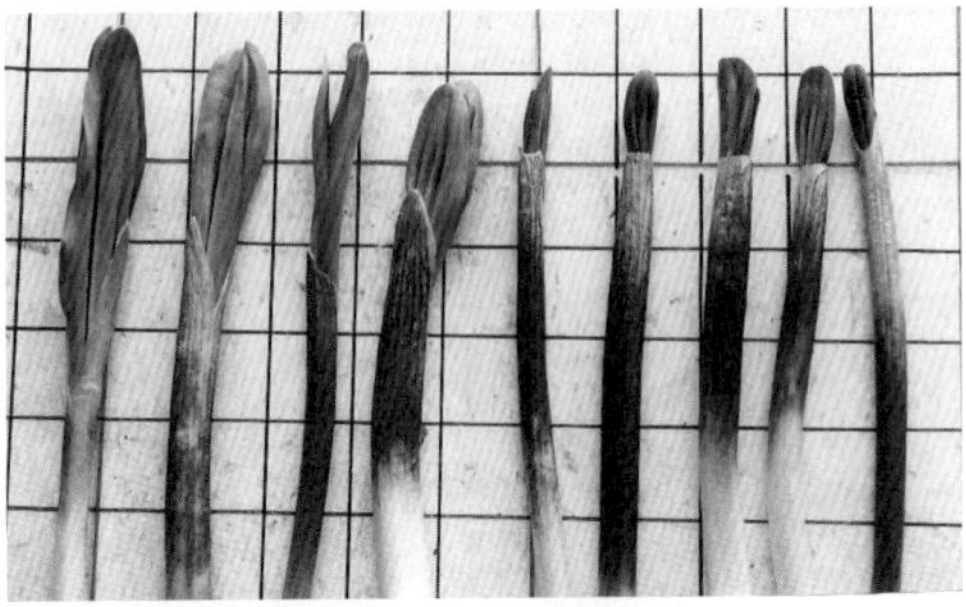

図4－3　葉鞘茎の葉部伸長（展開）**割合**
右から5本目までは葉鞘茎から葉部が2cm伸長した個体。6本目以降のように葉部が4cm程度になると葉鞘茎が裂けて葉部が露出し始める。

赤紫色の葉鞘茎に生長させる（図4―2）。

収穫期の判定は図4―3を基準に考える。右から五本までが適期であり、葉部が葉鞘茎から伸びるにしたがい葉鞘は裂けて葉部が露出する。葉部が露出しすぎると格落ち品として扱われ、図の左から二本目までがA規格に入り、左側一本目のような葉部になるとB規格に落とされる。葉部が葉鞘茎より三センチ以上伸びると裂け始めるため、裂ける前が収穫適期となる。

収穫に際しては、株ごと伏せ込んだ場合は株際からナイフを使用して切り取る。株分け伏込み軟白の場合はかぎを使用し根を浮き上げて抜き取る（図4―4）。掘り取った軟白茎は乾かないうち茎盤部についているひげ根をナイフかはさみで切り取り、ごみや泥は布巾で拭う。それでもきれいにならないときは、ぬらした布でもう一度拭き取るか、水洗いする。水洗い後は水分を拭き取る。調製した軟白茎はトレイにのせ五〇グラム単位に計量し、ラッピングする。その際、五％前後の入れ目を行ない、市場出荷後に重量不足のないよう心がける。

なお。軟白終了時の軟白鱗茎を構成する部位別重量比は、軟白茎四〇・二％、ひげ根三六・四％、はかま一五・一％、茎盤部八・三％であった（図4―5）。

(2)　白三：赤三：緑三の分割が理想的

現在のところ厳密な規格はないが、軟白茎は白三：赤三：緑三が良いとされている。葉鞘茎は葉部が三センチ前後以上伸びると、裂けて葉部が必要以上に露出するため、収穫の際は葉部の伸び具合い

図4－4　軟白茎の収穫

上：株分け伏込み軟白茎の根株を浮かせるかぎと根切りはさみ。下：かぎを使用して軟白茎の根株を浮かせながら収穫する。（中標津町乾守夫氏農場にて，1999年）

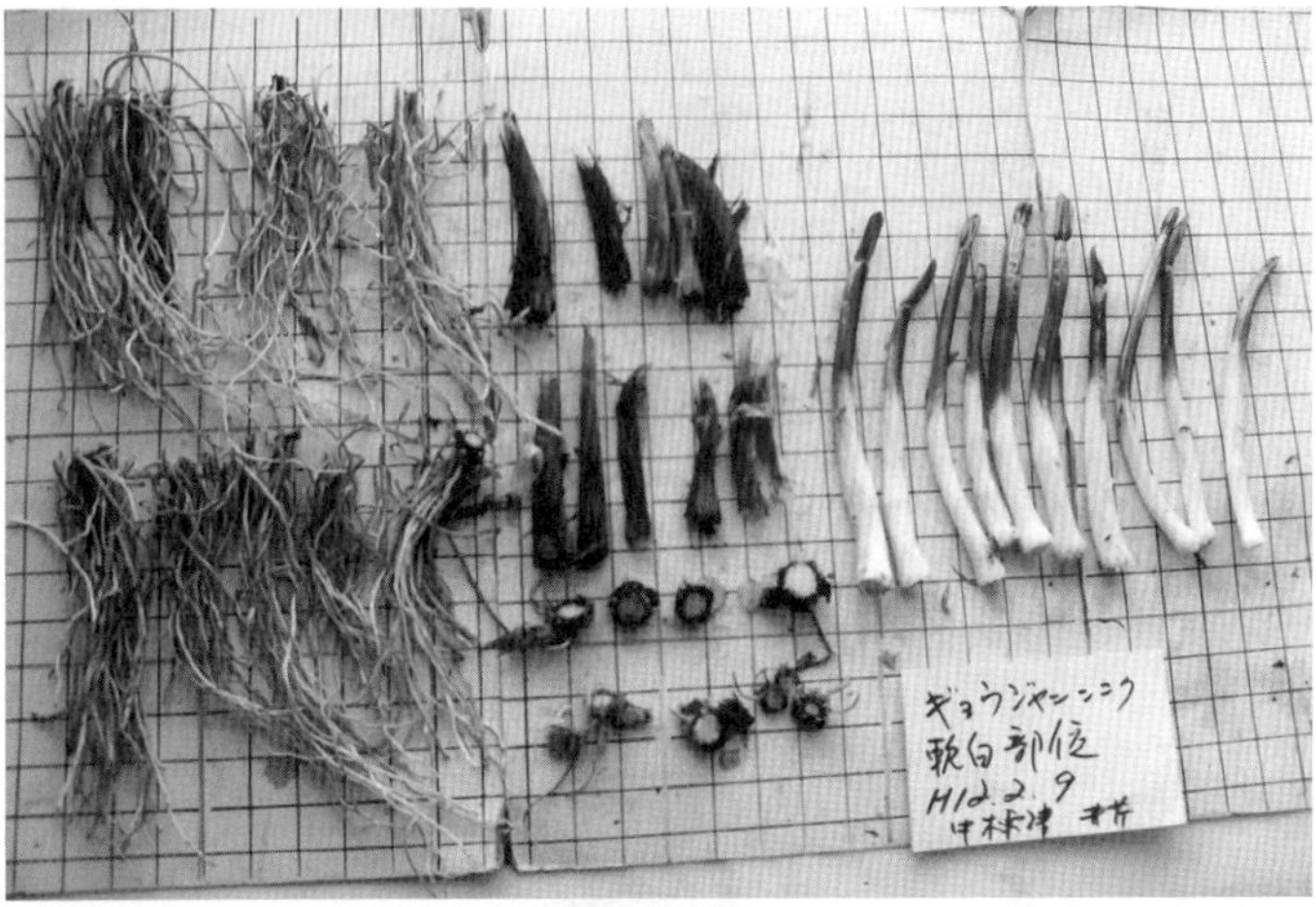

各部位。左：ひげ根，中上：はかま，中下：茎盤部，右：軟白茎

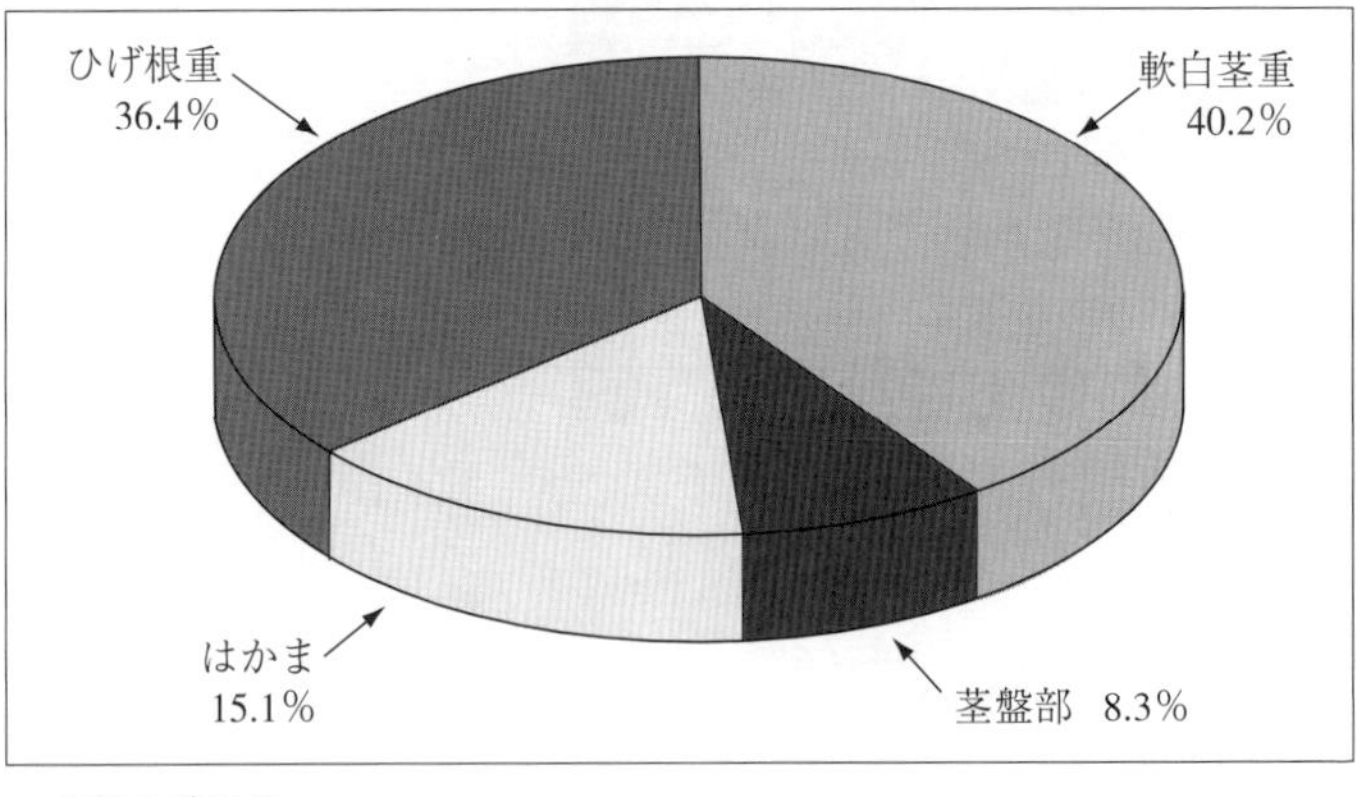

各部の重量比

図4－5　鱗茎部の軟白後の部位別構成

で判断する(図4—6)。葉部が三センチ前後以上伸びると葉鞘茎が裂ける現象は湿度も関係しており、湿度が高い場合には五センチ程度まで裂けないものもみられる。施設栽培の場合は裂けやすいので、葉部が一〜二センチ伸びたものから収穫する。着色についても、図4—6上程度が見た目も良く、ラッピング後の見栄えも良い。

さらに、根の切断部位についても茎盤部からひげ根を外す感じで切り取ると、茎皮のめくれもみられずきれいに仕上がる。図4—6下の市販されていた茎の切断面と比較してみると一目瞭然で、茎の

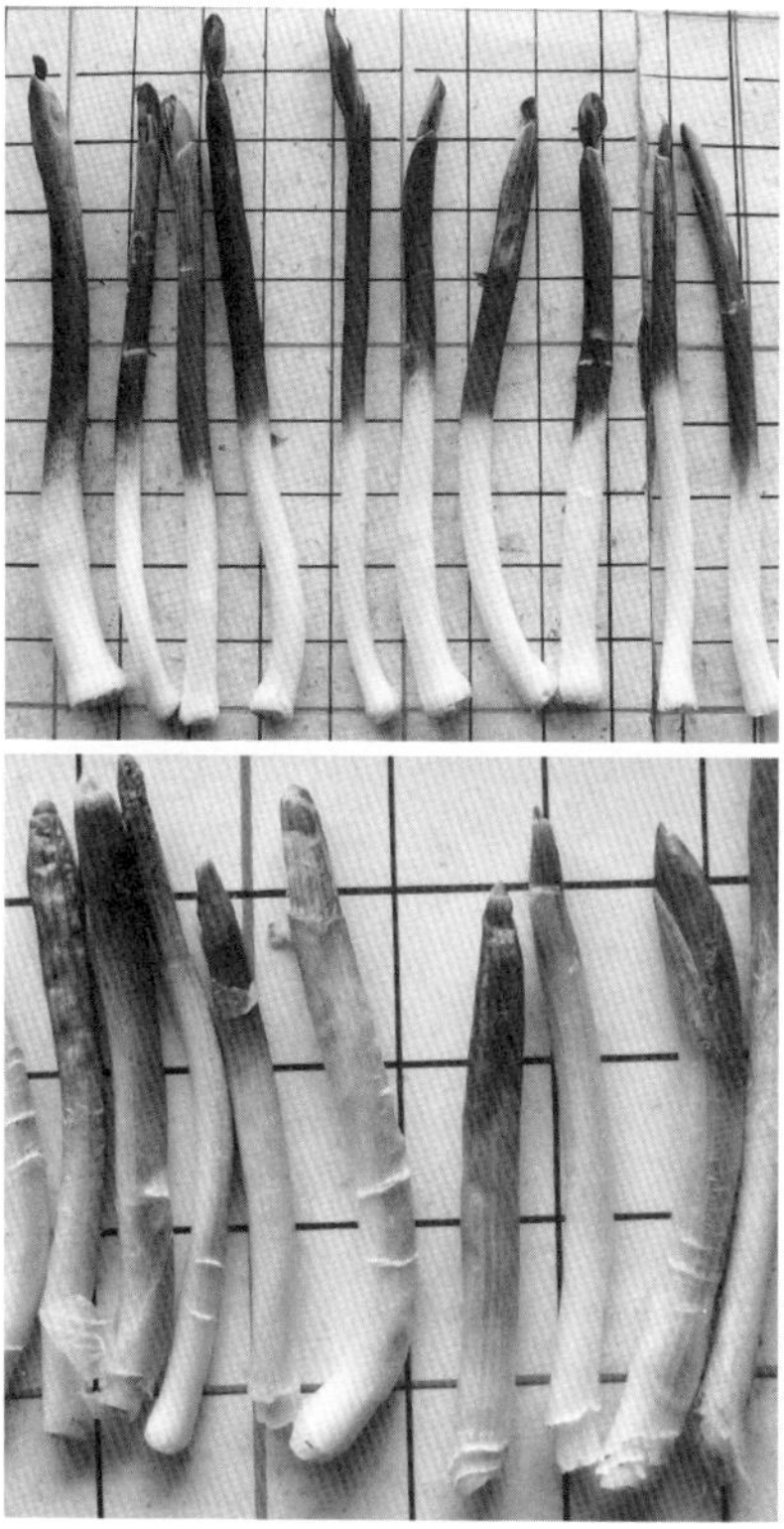

図4－6　軟白茎のよしあし

上：成品として理想的な軟白茎。この程度で収穫する。下：軟白不足。根の切断方法にも問題がある。

途中から切断したものは、茎が生長過程にあるため、切り口の表皮がずれて段々になってみえる。

また、図4—6下は生育も不揃いで、軟白の程度も不十分なため、価格は半値以下になってしまう。軟白時には短期間に生育させるので、生育にバラツキがみられる。そのため、適期になった個体から収穫しなければならない。いっせいに収穫すると荷姿をそろえるのに苦労するばかりでなく、不揃いの激しい荷姿になる。

図4−7　ラッピングされた軟白茎

(3) 遠距離なら「トレイ＋ラッピング」で

ギョウジャニンニクの包装単位は五〇グラムとなっており、荷姿は、テープやゴム輪で束ねるものと、トレイにのせラッピングする方法の二通りがある。包装から販売まで期日を要しない地元市場への出荷では、テープやゴム輪結束でよいと考えられる。この方法は包装費をあまり必要とせず推奨できる。しかし、生産から販売までに期間を要する遠距離輸送の場合には、ラッピング包装のほうが傷みが少なく品質保持上有利と考えられる（図4—7）。

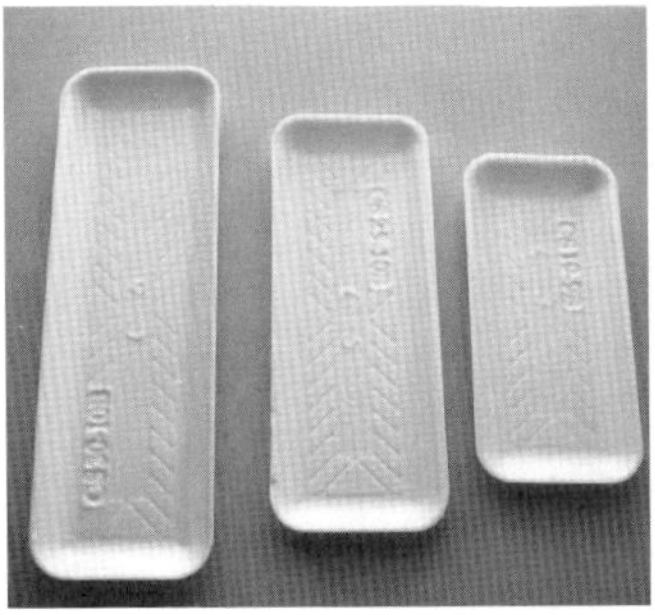

トレイ：右よりC-3，C-5，C-6。ギョウジャニンニクではC-3を使用することが多い。

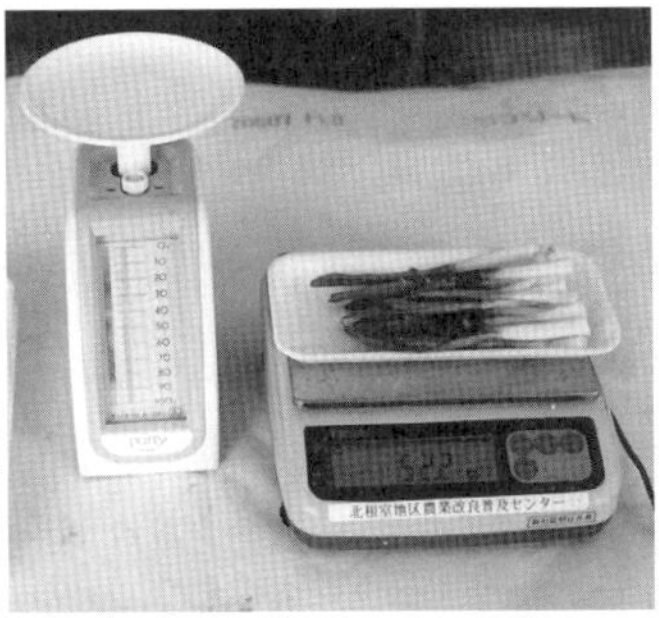

上皿ばかりは100g用を使用。あるいは電子ばかりを使用する。

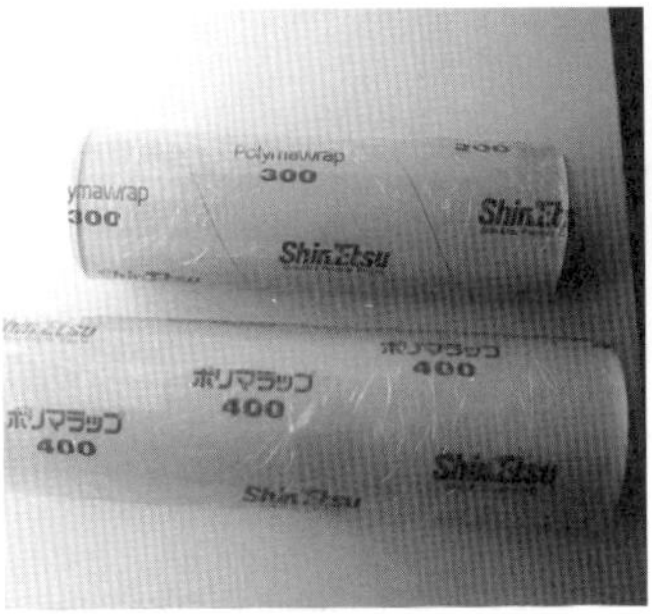

ラッパー用ラップフィルム：300mmのものを使用する。

ハンド・ラッパー：1時間に100個程度ラッピングできる。

図4−8　ラッピング器材

ラッピングに必要な器材は、ハンド・ラッパー（一万八〇〇〇円、消費電力二五〇ワット）、ラップフィルム（一六九〇円：三〇〇ミリ×五〇〇メートル、二二六〇円：四〇〇ミリ×五〇〇メートル）、トレイC―3（一枚三・五円、規格九・五×一九センチ）、C―5（一枚四・二円、規格九・五×二四センチ）で、さらに、はかりが必要になる（図4―8）。

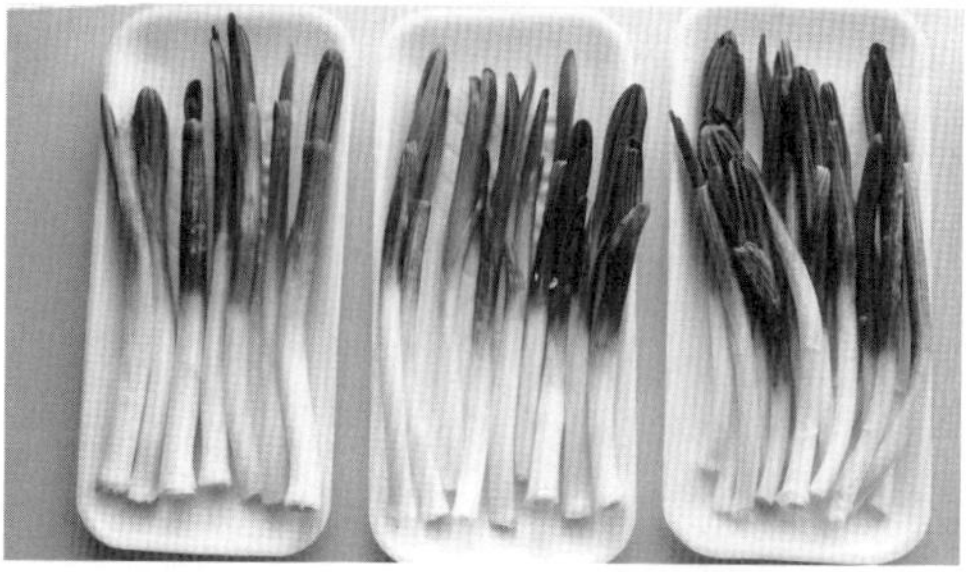

図4―9　軟白茎を大，中，小別に分類し，50gずつC-3トレイにのせてラップした成品
左から，大7本，中9本，小14本。

重量別に分類する場合は、五〇グラム当たりL（大）五～七本、M（中）八～一〇本、S（小）一一～一五本にし、これ以下はSSとなる（図4―9）。また、M、Sに分けないで混み品として出荷している農場もある。なお、トレイパックの場合、軟白茎が太すぎるとトレイ面がみえ、格落ちすることがある。経年茎の根株養成では養成年限を調整し、鱗茎をあまり太くしないよう注意したい。

(4)　凍結保存で成分が減少

ギョウジャニンニクをマイナス二〇℃で凍結保存した場合の各成分値の変化は、表4―2のとおりである。アリナーゼ活性は凍結前は一〇〇グラム当たり二三四ミリグラム含まれていたが、一カ月後には五〇ミリグラムに減少し、四カ月後にはゼロとなった。ギョウジャニンニクの薬理成分はアリシンが酵素アリナーゼの作用を受けて生成されるが、アリナーゼ活性が失われるとこれらの薬理成分も生成されなくなると考えられる。

アリナーゼ活性はタマネギで凍結中に減少するという報告があり、今回の成績も同様の結果であっ

表4－2　凍結保存中における成分変化

（1996，北海道立食品加工研究センター）

		凍結前	1カ月	2カ月	3カ月	4カ月	6カ月
アリナーゼ活性	(mg/100g)	234	50	27	2	0	0
βカロチン	(μg/100g)	3,185	3,337	3,554	2,570	3,287	
ビタミンC	(mg/100g)	89	60	43	41	32	18
ビタミンE	(mg/100g)	1.3	1.0	1.5	0.9	1.2	0.9

〔注〕ビタミンEはαトコフェロールの含量。

た。βカロチンは保存前一〇〇グラム当たり三二〇〇マイクログラム含まれていたが、四カ月後にも三三〇〇マイクログラムと変化しなかった。ビタミンCでは二カ月後に半減したのに対し、ビタミンEは保存四カ月後においてもあまり変化しなかった。

3、生産物の流通

生産物は適正な価格で販売されてはじめて経営が成り立つため、販売先が重要になる。

生産計画を立てると同時に具体的な販路を考え行動したいものである。販売先は公設市場への出荷を念頭におき生産計画を立てることになるが、北海道の冬期一～二月におけるギョウジャニンニクの取り扱いは、現在のところ札幌が中心になる。当然、生産量の増加にあわせ、市場開拓は必要と考えられる。さらに、消費拡大をはかるには、生産地である地元への販売や顧客販売など、消費量を増やす対策が必要である。

図4－10　市場に出荷されたギョウジャニンニク（平成12年1月29日，丸果札幌青果にて）

(1)　中央卸売市場への出荷を目標に

山菜類は、都市から離れ自然が豊かな地方では原野や裏山に行けばいつでも入手できる、という感覚が色濃く残っている。しかし、山菜類は高価に取り引きされるものが多く、なかでもギョウジャニンニクのキロ単価は常に最高位クラスにランクされている。価格は季節や品質により異なるが、どのような場面においても品質の良いものほど安定した価格で取り引きされる。生産物は市場出荷により必然的に評価されるのである。このような試練を受けながら栽培技術を高めなければならない。品質をそろえる技術として、株分けによる伏込み軟白法はとくに有効と考えられる。

市場出荷は定時・定量で、できるだけ長期間にわたることが原則である。ギョウジャニンニクの生産量は急速に増加できるものではないが、出荷市場と協議し、時間をかけて品質を高めながら生産拡大に心がけることが必要である。産地形成を目的にしたギョウジャニンニク栽培においては、大都市の中央卸売市場で評価を得ることが重要と考えられる（図4—10）。荷扱い量、荷動きが多く、適正な評価や産地情報も豊富であるばかりでなく、出荷から代金精算は五日であり、代金回収の手間がまったくないことが大きな特徴である。

図4—11は三月二十八～三十日の売買仕切書で、四月三日に精算されていることが示されている。

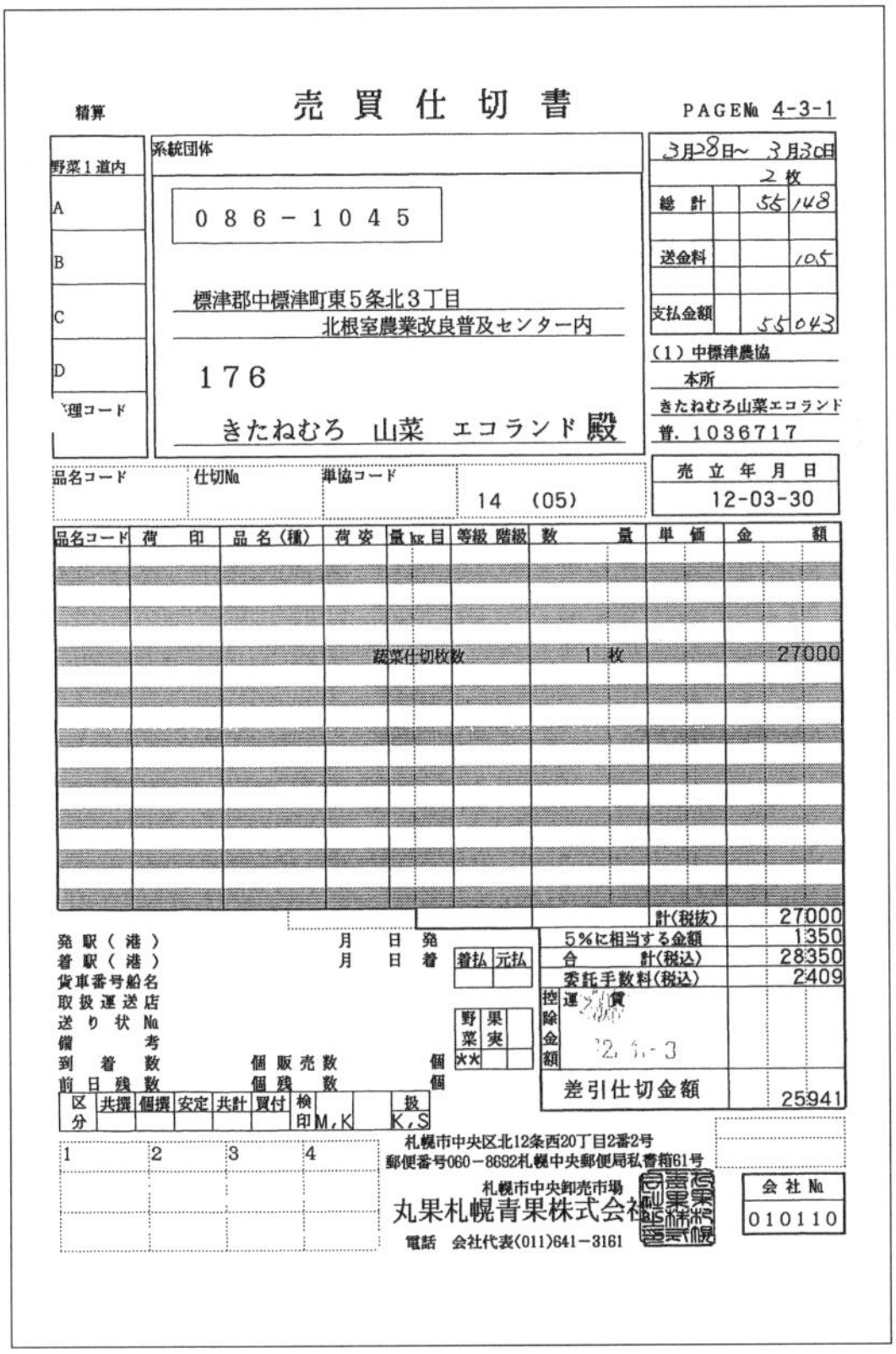

精算　売買仕切書　PAGE№ 4-3-1

野菜1道内
A
B
C
D
処理コード

系統団体
086－1045
標津郡中標津町東5条北3丁目
北根室農業改良普及センター内
176
きたねむろ　山菜　エコランド殿

3月28日～3月30日
2枚
総計 55148
送金料 105
支払金額 55043
(1) 中標津農協
本所
きたねむろ山菜エコランド
普. 1036717

品名コード　仕切№　単協コード　14 (05)
売立年月日　12-03-30

品名コード	荷印	品名(種)	荷姿	量kg目	等級 階級	数量	単価	金額
			蔬菜仕切枚数			1 枚		27000

計(税抜)	27000
5%に相当する金額	1350
合計(税込)	28350
委託手数料(税込)	2409
控除金額　運賃	
差引仕切金額	25941

発駅(港)　月日発
着駅(港)　月日着　着払　元払
貨車番号船名
取扱運送店
送り状№
備考
到着数　個　販売数　個
前日残数　個　残数　個
野菜　果実　**

区分	共撰	個撰	安定	共計	買付	検印	扱
						M,K	K,S

1　2　3　4

札幌市中央区北12条西20丁目2番2号
郵便番号060－8692札幌中央郵便局私書箱61号
札幌市中央卸売市場
丸果札幌青果株式会社
電話　会社代表(011)641－3161
会社№ 010110

図4－11　売買仕切書

送金料も安いことが多い。このようなことから産地形成を考える場合、大都市の中央卸売市場を最初の販売先として考えたい。

(2) 輸送は市場間ルートも利用できる

生産物を市場に届ける手段は都市近郊や野菜生産地帯では整備されているが、都市から離れた中山間地域や農協に窓口がない場合には、輸送対策から始めなければならない。そのため、輸送手段をもたない遠隔の中山間地域では、生産を計画しても販売を考えない場合には、産地として育たない。少量でも市場出荷を行ない販売経験を積むことが、産地づくりの要件になる。生産と販売は一体であり、そのためにも、生産を考える場合には輸送手段を明確にして栽培を開始したい。

生育期間の長いギョウジャニンニクの場合、販売までに十分時間があるため、栽培を開始したあとから考えても間に合う。中山間地域においても、中心となる小都市には必ず地方卸売市場があり、当然、中央卸売市場との間に市場間ルートが整備されている。この帰りの車を利用することもできる。また、近くに漁港があれば必ずなんらかの市場間ルートがある。栽培と同時に中央卸売市場との輸送ルートを確認しておきたいものである。

(3) 地元での消費を増やす努力も

消費量拡大対策は市場や小売店にのみ頼ることはできない。生産者自ら努力することは当然である。

図4－12　地元で消費を増やす
上：地元大型量販店でのテスト販売，手前5個が中標津産。下：「きたねむろ山菜エコランド」の試食会。

販売の中心は前述のように公設市場出荷であるが、消費拡大をはかるには、生産地である地元への販売や顧客販売など種々の対策が必要と考えられる(図4—12)。これからは生産者自ら販売するという意気込みと行動力が重要になる。

4、加工品は委託生産から始めたい

ギョウジャニンニクの加工品としては乾燥粉末、ドリンク剤、加工食品が知られている。乾燥粉末は高次加工の原料として用いられる。乾燥粉末、ドリンク剤の製造法については『ギョウジャニンニクと北の健康野草』(西村弘行編著、北海道新聞社発行)に詳細に記述されている。加工食品についても同様に紹介されているのであわせて参照願いたい。

加工食品の製品化に取り組む場合の相談窓口として、都道府県には食品加工を研究している機関が必ずある。製品開発をはじめ、販売の可能性を含め相談するのも一法である。

生産者が加工品に挑戦する場合、すべて自家工場をもち生産することは技術面ばかりでなく資金面においても厳しいものがあると考えられる。軌道にのり将来の見通しが立ってから事業を拡大しても遅くはない、それまでは製薬会社に委託生産することが無難と考えられる。以下に紹介した加工品を製造販売している方々も、全量委託生産あるいは一部のみ自社生産などさまざまであり、採算を考え対応しているのが実態である。ある製薬会社では、錠剤であれば一〇〇キログラムから、ドリンク剤であれば五〇ミリリットルびんで四万本から、一〇〇ミリリットルびんでは二万本から委託生産に応じているという。加工品製造の志のある方はぜひ、最寄りの製薬会社に相談されることをおすすめる。

加工品にはギョウジャニンニク入りウインナーなどの食品もあるが、薬理作用を期待して摂取することを目的にした錠剤、ドリンク剤などさまざまな製品が開発されている。

加工品生産業者としては以下のようなところがある。

○北海道バイオ技術研究所
〒081―8790北海道上川新得町西二条南七丁目三番三
フリーダイヤル0120―84―4818
フリーFAX0120―84―4827

○株式会社ユーエム（浦幌町バイオメディカル研究所）
〒089―5614北海道十勝郡浦幌町字桜町一五番地三
TEL01557―6―3400
FAX01557―6―4645

○ハマ株式会社通信事業部
〒062—879札幌市豊平区平岸七条一四丁目三—四三
フリーダイヤル0120—135—545
FAX011—812—6895

第5章　栽培事例

1、一〜三月末まで出荷——大規模な伏込み床軟白栽培

北海道日高管内門別町のWさん

栽培の動機には、祖母がギョウジャニンニクを植えており、幼少の頃から身近に観察してきたことや、門別町をはじめ日高管内には函館方面から軟白用根株の採種者が多く、これらを以前から見聞きしていたこと、さらに、水田転作強化など営農環境の悪化があって、これらの打開策として昭和五十六年頃から取り組みを開始している。

当初より水稲と並ぶ収益部門として考えており、収益部門としての栽培をめざすためには一定単位の栽培面積が必要となる。当然、短期間に増殖するためには種子繁殖によらなければならない。残念ながら種子は販売されていないため、自賄いの必要性があり、本格的に栽培を行なうには母本確保が必要となった。はじめは自宅近隣の自生地から母本用根株を採種していたが、目的量を確保できなかった。そのため、官林などから払い下げを受け、人夫を雇用し、時間とお金をかけ二〇アールあまりの採種用母本圃の確保を、栽培の初期段階で確立している。

このような行動は、今後ギョウジャニンニク栽培を志す人の模範になると考えられる。ギョウジャニンニクの実生栽培は少なくても数年以上、先を見通しながら行動する必要性がある。そういう意味

において、ギョウジャニンニクに取り組む場合は、企業的な感覚である先見性や計画性が求められる。

Wさんは軟白栽培においても創意工夫が随所にみられる。それらの具体的例は、伏込み軟白を当初より採用していることである。伏込み軟白は露地栽培に比べ栽培面積を六分の一程度にできること、さらに、冬期間でも随時加温して出荷できるので、生産物の端境期間中でも長期にわたり出荷が可能になる。また、冬期の伏込み軟白に必要な暖房機は、中古の小型ボイラーを再生したものを利用している（図5―1）。それは二つの廃品小型バルク・クーラを湯沸容器に使用した見事な循環式ボイラーであり、装備にコストをかけないよう配慮している。

図5－1　門別町のWさんの軟白ハウス
伏込み床の状態（上）と温水ボイラー（下）。

また、Wさんはギョウジャニンニクを徹底的に観察し、その知識をもとに早くから実生栽培に取り組んでいるばかりでなく、ギョウジャニンニクの基礎研究に携わる研究者の有力な協力者であったことも広く知られている。さらに、前述のような初期投資を土台にした大規模実生栽培によって養成株の大量生産を可能にし、軟白茎生産の商品化を昭和六十二年に実現させた北海道唯一の方であり、先駆者としても知られている。ギョウジャニンニクの冬期出荷は昭和六十二年に七〇〜一〇〇キログラム程度から始め、現在は実生圃場、養成圃場あわせて二ヘクタールの作付となっている。

栽培の概要としては、実生を毎年一〇アールほど播種し、四年目に四〇アールの根株養成圃場に栽植密度四五×一五センチ、一株三本植えとし、養成四年目の秋に根株をユンボで掘り取り、六〇坪三棟の軟白ハウスに株ごと伏せ込んでいる。根株の掘取り・伏込みは一日二・五アール程度の作業量であるため、四〇アール分の処理には一六日ほどかかっている。

軟白茎の出荷は主に札幌中央卸売市場に行なっており、日量二〇〇パック一〇キログラム程度を、一月はじめから三月末まで開市日すべてに出荷し、一シーズン八〇〇〜八五〇キログラムになる。一パック五〇グラムに包装し、ラベルを貼り化粧箱に詰めて出荷している。市場での単価は変動するもののおおむね二〇〇〜三五〇円であり、ブランド品として常に高価格で取り引きされている。軟白は出荷日程にあわせ、随時加温する方式で行なっている。暖房の燃料は灯油で厳寒期の日消費量は一五〜二〇リットルとのことである。ちなみに、年間の雇用労働は一〇万円程度と少なく、高い所得率と考えられる。

Wさんは、長期間にわたる独自の観察から得た実践的な知識を豊富にもっているばかりでなく、研究者に対する協力者として誰よりも早く新しい知識を吸収し、それらを駆使して実用的な実生栽培体系を確立している。そして、昭和六十二年に市場出荷を実現した努力はなみならぬものである。現在実施している実生から生産までの期間が八年というのは長く感じられるが、営農の主体である水稲と労働が競合しないように長年かけて確立した体系である。栽培可能な圃場も種子量も十分にあるため、播種作業のあとは四年目の植替え作業のほかはあまり労働を必要としない作物の特性を活用しているものと推察できる。

2、高齢者グループが効率の高い栽培をめざす——小規模のボックス軟白栽培

「きたねむろ山菜エコランド」（北海道中標津町）

ギョウジャニンニクの栽培を開始して三年目と日が浅いが、今日までに開発された技術を習得し、生産効率の高い栽培を目標に行動を起こしている。構成員は六〇～七六歳までの熟年農業者で、男性五名、女性三名の組織である。男性会員の全員が大型トラクタを自由に操作のできる当事者能力をもっている。

会員のギョウジャニンニクの栽培面積は、根株養成圃一～三アール、実生育苗圃一～二アールと小規模であるが、苗の補給体制と栽培面積拡大に向けて活動している。

販売体制については、平成十一年の一～三月に札幌中央卸売市場への試験出荷を実施し、出荷輸送ルートや品質、単価について確認ずみである。販売結果は、はじめての出荷時点から荷姿、品質ともに高い評価を得、キロ単価四〇〇〇～六〇〇〇円の範囲で取り引きされるなどの実績を収めている。

軟白方法は小規模生産に向くミニコンテナ、木箱類を使用し、芽土にピートモスを使用した、北根室地方独特の手法によるボックス軟白栽培技術を採用している。養成圃一アール当たり三五～四〇万円以上の収益目標を実現すべく努力中である（図5―2）。

図5－2　中標津町の大木敏夫さんの軟白ハウス
厳寒期の中標津で成功した無加温軟白栽培のようす。

また、平成十～十一年の二年にわたり開催された、地区農業改良普及センター主催の農村セミナー「山菜コース」に全員が参加し、技術の習得と平準化に努めるなど、知り得る技術を活発に取り入れる柔軟な思考の組織である。また、山菜コースには地元の農業者ばかりでなく他管内から四名の参加者があり、コース終了後においても交流をはかり、研修会への参加や、種子や根株の確保についてもともに協力し、生産拡大に向け力をあわせて活動している。

3、酪農家の主婦が趣味と実益を兼ねて栽培――露地軟白栽培

北海道帯広市のKさん

本業が酪農専業であり、本業に影響しない範囲内で、しかも農家の主婦でなければできないことを趣味と実益を兼ねて実施しており、参考にしたい事例である。

市場出荷は早いほど価格は高いことに着目し、三月中旬トンネル被覆を行ない四月上旬に出荷し、効率的に副収入を得ている。労力は、収穫にかかわるトンネル被覆後の保温管理と、収穫労働や施肥、除草などで、本業酪農の空いたわずかな時間でよく一人でもできる。また、トンネル資材も、ハウスサイドに一度使用したビニルを再利用するなど、費用をかけないように工夫し栽培している。

栽培面積は二〇〇平方メートルで、うね幅八〇センチ、長さ二四メートルの五条植え、通路が六〇センチで六うねある。平成九年より毎年二うね、三年に一度収穫する方式を採用している。収量実績は平成十年七一五束（一束五〇グラム）三五・七五キログラム、平成十一年五四五束二七・二五キログラムで、出荷は地元の公設市場に行ない、価格はおおむね一束三月末で二〇〇円、四月五日で一五〇円、四月十五日で一二〇円であった。平成十一年は六回出荷したとのことである。

三月上旬に除雪して、トンネル被覆を行なう。トンネル用ポールは前年秋に設置しておく。被覆後

二〇日程度で出荷開始になる。管理はとくにしていないが、八月上旬に雑草を含めた刈払いを行ない、九月上旬に雑草対策としてラウンドアップを散布している。

販売額は例年一〇万円前後で、労働効率の良い作目として、今後も続けていきたいと語っている。

▨付録▨　種苗・種子の頒布の照会先

現在、頒布または近年中に頒布可能な業者、団体名を紹介すると次のとおりである。

■北海道バイオ技術研究所

●種苗：現在、実生三年目茎を中心に販売、単価は一芽五〇円。単価を含めた取引時期などについては照会願いたい。
●種子：希望があれば応じたい。
○連絡先　〒081―8790北海道上川新得町西二条南七丁目三番三
　フリーダイヤル0120―84―4818
　フリーFAX0120―84―4827

■きたねむろ山菜エコランド

●種苗：経年茎（鱗茎）五～一〇グラム程度のもの、単価は一芽一〇〇円。実生三年目茎については平成十四年度より二グラム前後の鱗茎で販売予定、単価は一芽五〇円。照会願いたい。
●種子：希望があれば応じたい。
●照会があれば生産者を紹介する。
○連絡先　〒086―1007北海道標津郡中標津町東七条南一一丁目
　TEL01537―3―2453
　FAX01537―3―2453

○引用・参考文献

1. 西村弘行編著『行者ニンニクの凄い薬効』朝日ソノラマ社　１９９５
2. 西村弘行著『ギョウジャニンニクと北の健康野草』北海道新聞社　１９９６
3. 金澤俊成著「ギョウジャニンニクの形態・発育特性及び栽培化に関する基礎的研究」北海道大学農学部邦文紀要　第18巻第2号　１９９３
4. 『原色日本植物図鑑　草本編（Ⅱ）単子葉類』保育社　１９８８改訂49刷
5. 山岸喬・山岸敦子『原色北海道の山菜』北海タイム社　１９７９
6. 西村弘行（代表）「ネギ属酵素をコントロールした消臭機能性食品の開発研究」研究成果報告書　平成8年度ホクサイテック財団研究開発支援事業　１９９６
7. 北海道立十勝農業試験場研究部園芸科「ギョウジャニンニクの特性と栽培法」北海道農業試験会議（成績会議）資料　１９９２
8. 北海道立十勝農業試験場研究部園芸科、北海道立食品加工研究センター加工食品部農産食品科「ギョウジャニンニクの種子繁殖技術と加工食品の開発」北海道農業試験会議（成績会議）資料　１９９５
9. 梅林智美「健康山菜ギョウジャニンニク実生栽培できるが収穫までが長い」グリーンレポート№.３２６（99・10・15号）ＪＡ全農営　農総合対策部10

その他新聞等の引用については、記述文章の末尾等に、気象、温度等については『理科年表 平成12年版』国立天文台編・丸善株式会社、栄養成分値については『5訂日本食品標準成分表』科学技術庁資源調査会編を引用した。また、図、表のみの引用については図、表に出典名を記した。

おわりに

著者がギョウジャニンニクの栽培に取り組んだ契機は、平成五年に道立十勝農業試験場から「ギョウジャニンニクの特性と栽培法」が公開され、「ギョウジャニンニクの生活環」や「栽培技術の基礎的知識」が明らかにされたことに始まる。とくに、生活環の解明や種子生産での交配方法が増殖性に大きく関与することや、施肥反応に関する知見は、ギョウジャニンニクの栽培植物としての可能性を示唆するものであった。

ギョウジャニンニクは、生活習慣病の予防効果のほか、血栓溶解作用、動脈硬化、脳梗塞の予防ならびに、がん予防効果、抗菌作用などの薬理作用があるため、健康食品として多くの製品が開発販売され、年々販売額を増加させている。しかも、ギョウジャニンニクは山菜として、あくも少なく食味もよく、滋養強壮効果のある優れた健康野草として潜在需要は大きい。しかし、現状ではギョウジャニンニクの流通量は少なく、貴重品的存在として取り扱われている。今後、栽培植物として認知されるには、少なくても一定期間、商品として店頭に存在し、消費者が常に購入できる状態であることが必要になる。そのためには、生産量を増大させることが不可欠である。

今まで生産が増加しない最大の要因は生育が緩慢で、増殖率が他の作物に比べ極端に低いというギョウジャニンニクの特性に起因している。しかし、ギョウジャニンニクの増殖方法には種子、分げつ、不定芽を利用する三つの方法があり、これらの特性をじょうずに生かすことが重要と考えられる。とくに、不定芽の増殖性は培地の条件により飛躍的に増加することが観察されており、これからの技術確立に期待したい。そうしたことから、増殖率二〇～三〇倍の栄養繁殖作物であるジャガイモやナガイモにも決して劣らないと考えられる。

ギョウジャニンニクは酸素要求量が高く、施肥にも反応しやすい植物であるため、堆肥の施用にもよく反応するものと考えられる。とくに、堆肥の施用により、土壌の物理性改善、養分の付加による土壌の化学性改善、さらに微生物相改善や有用微生物が増加するため、これらが相乗的に働くものと考えられる。なお、著者らは長年にわたり「堆肥に反応する作物」の検索を続けており、ギョウジャニンニクのほかにも堆肥に反応する作物を確認している。

現在のところ施肥に関する試験成績が不足しており、本書においても標準施肥量は紹介できなかった。しかし、種々の施肥試験からみてギョウジャニンニクは施肥反応の高い植物であるため、収量は窒素の施用量により左右されると考えられる。著者らも現在、三要素試験を実施中であり、このような試験を繰り返し実施することにより適切な施肥量は遠からず判明するものと考えられる。それまでは施肥来歴や今日までの試験例を参考に施肥を行なうことになる。

ギョウジャニンニクの栽培は根株の養成と根株の軟白からなり、軟白茎を商品として市場に送り出してお金にかえることにある。しかし、軟白方法に関する技術情報やその伝達方法が不十分なため、立派に根株を養成しても軟白方法や軟白時期を誤り、商品価値が低くなり価格の取れない場面がしばしばみられる。これでは、それまでの労苦が報われないことになる。また、優れた機能をもつギョウジャニンニクであるが、消費者抜きでは生産は成り立たない。高単価をねらうだけでなく、生産コストを低減することを念頭におき、生産に取り組むことが重要と考えられる。

本書は、ギョウジャニンニク栽培を志す初心者から経営の柱としての確立をめざして取り組んでいる方々に対し、今日までに発表された文献を平易に紹介するとともに、著者らが集積したデータを体系的に示しながら、できるだけ具体的でわかりやすく解説するよう心がけた。なお、ギョウジャニンニクの栽培化は始まったばかりであり、不足の部分は今後の技術進歩にゆだねたい。

著者らのデータ集積に協力いただいた、「きたねむろ山菜エコランド」の乾守夫氏、ならびに文献や研究データを引用させていただいた北海道東海大学工学部西村弘行教授、岩手大学教育学部金澤俊成助教授に感謝するとともに、今回、本書を企画された農山漁村文化協会書籍編集部にお世話になったことを記し謝意と致します。

二〇〇一年三月

井芹　靖彦

著者略歴

井芹　靖彦（いせり　やすひこ）

1940.1.31　樺太　敷香生まれ，北海道空知郡北村で育つ
1959.3　道立岩見沢農業高校卒業
1961.3　道立農業技術講習所修了
1961.6　北海道職員に採用，農業改良普及員として釧路支庁，十勝支庁，網走支庁，宗谷支庁，根室支庁において飼料作物，乳牛・畜産，経営の技術普及並びに地域活性化事業に従事する
2000.3　根室支庁北根室地区農業改良普及センター所長を最後に定年退職
1992.12　「アルファルファ栽培技術改善とその普及・指導」により北海道草地研究会賞授賞

現在，「堆肥に反応する作物の検索」をテーマにギョウジャニンニク，ハマボウフウ，その他の山菜類や作物の栽培研究を行ないながら，農園開設を視野に行動している

○きたねむろ山菜エコランド事務局長，○オーガニック・プランツ・アドバイザー，○北方系機能性植物研究会会員（会長　北海道東海大学工学部教授　西村弘行）

◆新特産シリーズ◆

ギョウジャニンニク

—軟白生産の実際，栄養価値と売り方—

2001年3月31日　第1刷発行
2008年3月20日　第7刷発行

著　者　井芹靖彦

発行所　社団法人　農山漁村文化協会
郵便番号　107-8668　東京都港区赤坂7丁目6-1
電話 03(3585)1141（営業）　03(3585)1147（編集）
FAX 03(3589)1387　　振替 00120-3-144478

ISBN978-4-540-00284-7　　製作／㈱河源社
〈検印廃止〉　　印刷／㈱光陽メディア

製本／根本製本㈱
Printed in Japan　　定価はカバーに表示
乱丁・落丁本はお取り替えいたします。